Computer Graphics

Theory and Practice

컴퓨터그래픽실무 / 박기홍 저

대구대학교출판부

· 박기홍
대구대학교 초빙교수

1판1쇄 | 2009년 8월 28일
1판2쇄 | 2010년 3월 25일
지은이 | 박기홍
펴낸이 | 홍덕률
펴낸곳 | 대구대학교출판부
경북 경산시 진량읍 내리리 15 대구대학교출판부
전화 053) 850-5661~4 | 팩스 053) 850-5669
홈페이지 주소 | http://press.daegu.ac.kr/
찍은곳 | 초록뱀디지털
ISBN 978-89-7794-534-0-93560
값 15,000원

머리말

1990년대 국내에 컴퓨터그래픽이 도입된 이후 디자이너만의 전유물로 인식되었던 컴퓨터그래픽 프로그램들이 인터넷의 보급과 디지털 문화의 발전으로 인해 이제는 디자이너뿐만 아니라 디자인에 관심이 있거나, 자신의 일상적인 삶을 다양하게 꾸미고자하는 일반인들에게도 필수적인 도구가 되었다.

그래픽 프로그램들은 디자인 작업물을 만드는 과정에 단 하나의 정답만이 있는 것이 아니기 때문에 단순히 작업과정을 기억하여 익히기 보다는 프로그램의 기본적인 운영방식을 이해하고 다져나가는 것이 무엇보다 중요하다. 프로그램의 기본원리를 이해한다면 자기가 원하는 결과물을 더욱더 다양하고 효과적인 방법으로 만들 수 있기 때문이다.

물론 프로그램 자체를 잘 다룬다고 해서 반드시 좋은 디자인을 할 수 있는 것은 아니다. 그러나 표현방법의 한계가 있다면 이로 인해 창의적인 사고와 새로운 아이디어의 발상 폭도 작아지게 되는 것은 분명하다. 일러스트레이터나 포토샵 자체의 툴 기능들은 단순하지만 이 기능들이 사람의 창의적인 아이디어와 만나 서로 합쳐지면 전혀 새로운 결과물을 낳게 된다.

이 책은 디자인을 전공하는 사람들과 디자인에 관심이 있는 일반인들이 그래픽 프로그램 기초 단계를 다지기 위한 것으로 프로그램 전체의 내용을 다 수록하기 보다는 프로그램에서 중요한 부분들만을 뽑아내서 이해하기 쉽도록 간단명료하게 쓰고자 노력했다.

Part 1에서는 프로그램을 익히기에 앞서서 디자인과 색채 등 기본적으로 컴퓨터그래픽을 하기 위한 이론들을 통해 단순히 프로그램만 익히는 것이 아니라 전반적으로 디자인에 대해 이해할 수 있도록 했다. Part 2와 3에는 일러스트레이터와 포토샵을 사용하기 위해 기본적으로 꼭 익혀야하는 부분들을 파트별로 재구성하여 일목요연하게 정리함으로써 이해하기 쉽도록 했고, 마지막에 제시된 예제의 경우 작업물 완성까지의 과정을 상세하고 체계적으로 설명함으로써 혼자서도 쉽게 실습할 수 있도록 구성했다. 그 외 꼭 알아야하는 기능들과 주의사항들은 별도로 설명했다.

지난 10여 년간 디자이너로서의 경험과 지식을 가르치는 입장이 아닌 처음 프로그램을 접하고 배웠던 10여 년 전 나 자신의 모습을 생각하며 좀 더 쉽고 명확하게 전달하기 위해 노력했다. 아직은 많이 부족한 책이지만 미래를 진정한 디자이너로 살고자하는 예비디자이너, 자신의 일상을 아름답게 디자인하고자 하는 분들께 조금이나마 도움이 되었으면 한다.

끝으로 이 책이 출간되기까지 도와주신 많은 분들께 감사드리며, 특히 많이 부족했던 책의 내용들을 마지막 순간까지 많은 조언과 애정으로 감수해 주신 이해만 교수님과 여러 문제들로 지연되었던 긴 시간들을 믿고 기다려주신 장세헌 부장님, 양진오 출판원장님 그리고 대구대학교출판부 여러분들께도 진심으로 감사의 말씀을 드린다.

2009년 8월 박 기 홍

Contents

PART 01 / 컴퓨터그래픽 기초이론

Chap.01 / 디자인 이야기

디자인이란

라틴어의 데지그라나레(Designare)에서 유래된 것으로 '계획하다', '지시하다', '표현하다', '성취하다' 의 뜻을 지니고 있다. 좁은 의미로는 단순한 도안이나 밑그림, 설계, 의장, 계획 등 장식이나 무늬를 말하고 넓은 의미로는 모든 조형활동에 대한 아이디어에서 모든 작품이 완성되는 전 과정을 뜻한다. 디자인은 기능성과 심미성의 조화를 통해 인간의 근본적인 생활을 보다 윤택하게 하고 편리함과 아름다움을 창조하는데 목적을 두고 있다.

디자인의 조건

합목적성

디자인을 필요로 하는 사람들 또는 디자인을 소유하거나 활용하고자하는 사람들에게 각 사람마다 필요한 목적에 맞춰 정보를 전달하거나 사용하게 되는 디자인의 성질로 디자인이 목적에 부합되어야 한다는 의미이다. 합목적성은 기능성과 실용성을 의미하는 것으로 심미성과 함께 디자인의 중심을 이루며 심미성과는 반대의 성질을 가지고 있다.

심미성

아름다움을 추구하는 인간의 기본적인 욕구에 관련된 디자인의 성질로 인간의 미의식을 자극하는 여러 가지 요소(형, 색채, 재질, 유행, 지역적 특색 등)들이 유기적으로 연결되어 아름다움을 창조한다는 의미이다. 미의 기준이란 표준으로 정해진 것이 아니라 어디까지나 주관적이기 때문에 많은 사람들이 아름답다고 생각하면 좋은 디자인이라고 할 수 있다.

경제성

생산하는 과정이 지나치게 복잡하여 생산 시간이 오래 걸리거나 생산하기 어려워 가격이 상승한다면 많은 사람들에게 사랑을 받을 수 없게 되므로 좋은 디자인이라고 할 수 없다. 즉, 최소의 투자로 최대의 효과를 얻을 수 있는 디자인이 좋은 디자인이라고 할 수 있다.

독창성

새로움을 뜻하는 것으로 독특한 아이디어로 많은 사람들에게 "새롭다" 라는 생각을 하게 만드는 것은 좋은 디자인의 중요한 조건이며 디자이너가 지녀야 할 중요한 자질이다. 그러나 완전한 창조는 존재하지 않으므로 기본적인 모방 위에 제2, 제3의 창조가 이루어진다.

질서성

합목적성, 심미성, 경제성, 독창성의 4가지 조건들이 조화를 이룰 때 좋은 디자인이라고 할 수 있다.

디자인의 구성요소

형태(Form)

형태는 주로 시각과 촉각에 의해 지각되기 때문에 색과 함께 대상의 감각적 경험을 형성하는 중요한 요소이다. 형이란 어떤 형체의 윤곽이라고 말할 수도 있으며, 형태는 형으로 이루어진 윤곽, 내부 형태, 구조 형을 가지고 있는 본질적인 것으로서 3차원적인 표현 용어이다. 형태의 기본요소로는 점, 선, 면, 입체로 구분된다.

점(Spot)

디자인의 시작으로 모든 조형적 형태를 지각하는 최소의 단위로 더 이상 나눌 수 없다. 위치만을 나타내며, 크기나 방향은 존재하지 않는다.

선(Line)

사물 사이의 경계로서 길이와 위치 및 방향은 있으나 굵기는 없다. 일반적인 선의 경우 면적을 가지고 있지만 개념적인 선은 길이와 위치만 있는 점의 연속적인 궤적을 의미한다. 선은 직선과 곡선으로 나뉘며 그 자체에 면의 성질은 없지만 면으로 구성할 수 있다. 화면을 구성할 때 선의 유무는 디자인에서 큰 영향력을 좌우하는 경우가 많다. 또한 선은 방향성을 가지고 있고, 그 방향성에 따라서 아주 다른 느낌을 줄 수 있으므로 선을 사용할 경우에는 주의해야 한다.

- 수평선 : 안정감과 점차적으로 확대되는 느낌을 표현
- 수직선 : 상승과 하강의 느낌, 과정적이지 않고 동적인 느낌, 긴장감을 표현
- 사선 : 불안정감, 속도감, 역동적인 감정
- 곡선 : 부드러움, 풍요, 운동감, 리듬, 율동 등의 느낌을 표현
- 선의 점진적인 변화 : 깊이나 공간감을 표현

면(Surface)

면은 공간을 구성하는 기본단위이며, 형을 만드는 형상요소들 가운데 눈에 보이는 기본형상의 하나이다. 면은 선의 연속적인 형태로 나타나거나 선의 시작과 끝이 만남으로써 만들어지는 영역이다. 즉 이동하는 선의 자취가 면을 이루는데 선의 꺾어짐과 구부러짐의 가능성에 기인하여 면의

윤곽을 결정하게 된다. 따라서 면은 선의 성격에 따라 영향을 받게 된다. 그러나 색채의 효과나 입체감, 공간감을 표현할 수는 없다. 면의 배치로 화면을 구성할 수 있으며, 면의 크기나 위치의 변화로 다양한 효과를 줄 수 있다. 면은 사물의 경계와 넓이를 나타내며 면의 형태는 사물을 묘사하는 가장 기본적인 요소이다.

입체(Solid)

입체는 면의 이동으로 생성되며 점, 선, 면에 비해 굵기와 긴밀함, 한정성, 3차원성, 무게 등의 명백하고 보다 많은 특징을 갖고 있다. 원, 정사각형, 삼각형이라는 기본 평면은 입체로 전개될 때 입체의 기본 형식이 된다.

색(Color)

색은 광원으로부터 나오는 광선이 물체에 비추어 반사, 분해, 투과, 굴절, 흡수 될 때 안구의 망막과 여기에 따르는 시신경이 자극됨으로써 감각된 현상으로 나타나게 된다. 똑같은 크기와 형태를 지닌 물체가 색상에 따라 전혀 다른 느낌을 갖게 하는 것은 색상이 인간의 심리와 절대적인 상관관계에 있음을 나타내 주고 있다. 색은 세 가지 속성을 지니고 있으며 세 가지 속성인 색상(색의 이름), 채도(맑고 탁함), 명도(밝고 어두움)의 차이에 따라 구별된다. 색은 사물의 형태를 더욱 사실적으로 보이게 하는 요소이다.

질감(Texture)

어떤 물체를 직접적으로 만져 볼 수 없더라도 그것을 손으로 만지면 어떤 느낌일 것이라는 것을 사람들은 일반적으로 경험을 통해 알고 있는데 이것이 물체의 질감이라고 한다. 질감이란 물체의 표면이 지니고 있는 느낌을 말하며 어떤 물체든 재료로써 구체화되기 때문에 재질에 대한 감각적 체험이 중요하다. 다양한 재질에 의해 달라지는 여러 가지의 질감은 감각을 느낄 수 있는 시각적인 요인이 된다.

명암(Light, 빛)

명암이란 밝기의 차이를 말한다. 빛은 다양한 길이의 파장으로 우리 시각기관에 전달되며 우리 시각기관들이 기능을 다할 수 있도록 제공되는 방사 에너지이다. 조형의 대상이 되는 빛은 물리적 현상으로서의 빛이 아니고 인간 쪽에서 어떻게 받아들이느냐에 따른 심리적 빛이 된다. 예를 들어 빛의 강도, 방향 등에 따라 대상을 다르게 인지하게 되는데 날씨가 맑은 날에 보는 건물과 흐린 날 보는 건물은 다르게 느껴지듯이, 빛이 있는 상태에 따라 사물의 질도 크기도 변하게 되는 것이다. 근래에 와서 빛은 직물, 의상, 실내, 건축 등 많은 분야에서 흥미를 일으키고 영향을 미치게 되었으며, 그 결과로 다른 디자인 요소의 중간 보조물에서 원초적 재료로서 간주하기에 이르렀다.

공간성(Space)

양감이란 사물의 부피나 무게의 느낌을 말한다. 일반적으로 형태는 공간 속에 존재하게 된다. 공간은 길이, 넓이, 높이와 같은 양감의 차원들을 가진다. 공간에는 우리가 인지할 수 있는 공간과 측정 불가능한 무한대의 우주 공간이 있고 그림이나 인쇄 같은 평면적인 것에 나타나는 환영에 불과한 가상의 공간이 있다. 종이나 캔버스 위에 표현된 공간감이나 깊이감은 본질적으로 평면이기 때문에 실제적 공간은 아니지만 디자이너에게 이러한 가상의 공간감은 매우 중요하다.

운동감(Movement, 동세)

동세(운동감)란 움직임을 말한다. 운동은 원리적이고 가시적인 감각 형식의 하나이다. 일반적으로 우리의 눈은 움직이는 대상을 관찰할 때 그 대상을 추적하지만, 움직임이 없는 고정되어 있는 대상을 볼 때에는 대상을 검색하기 위해서 움직인다. 이런 눈의 움직임에 의해서 실제로는 움직이지 않는 대상에서 리듬을 발견할 수 있는 것이다. 그라데이션 효과, 점으로 이루어진 계열과 간격, 분할과 증식, 일정하지 않은 격자무늬나 사선 등이 바로 운동감을 나타내는 예이다. 운동감을 표현하기 위한 방법은 다음과 같다.

- 중복 이미지를 사용하는 방법이 있다.
- 움직임은 형태의 반복을 통해 나타낸다.
- 방향과 속도로 운동감을 느끼게 할 수 있다.
- 움직이지 않는 형태와 역동적인 형태를 배치시켜 운동감을 나타낼 수 있다.
- 애매한 윤곽선은 고정된 형태의 이미지를 다소 모호하게 하여 움직임을 나타낸다.

디자인의 원리

어떤 실체를 형성하기 위하여 필요한 각 요소들을 상호의존적으로 배치하여 일련의 질서를 만들기 위한 구조적 계획으로 어떤 특정한 효과를 만들어 내기 위해서 디자인 요소들이 어떻게 결합되어야 하는가를 결정하는 연관 법칙이나 구성 계획을 디자인 원리라 할 수 있다. 원래 형식원리들은 미학상의 개념이지만, 오늘날에는 많은 예술분야에서 사용되는 원리로서 조화, 비례, 균형, 율동 등이 있다. 이러한 원리들은 독립적으로 나타나는 것이 아니라 상호 보완적인 관계를 갖고 있어서 형식적인 요소나 감각적인 요소의 영향에 의해 총체적으로 나타나게 된다.

조화(Harmony)

조화란 두 개 이상의 요소 또는 요소들이 부분적으로 발생하는 상호관계 속에서 그들이 서로 분리되거나 배척되지 않고, 전체적으로 통일되고 높은 감각적 효과를 발휘할 때 나타나는 현상이다. 여러 가지 조형 요소들을 서로 조화롭게 나타나는 방법으로는 요소들 간의 통일감 안에서 변화를 준 것이 아름다움으로 전해질 경우 조화롭다고 할 수 있다. 그러나 두 가지 이상의 요소가 동일하거나 유사할 때 그들은 완전히 조화되어 있다고도 생각할 수 있으나, 오히려 단조롭다고 느끼게 된다. 따라서 합리적인 조화는 요소 상호간에 공통성이 존재하고 동시에 요소 상호간에 무엇인가의 차이가 있을 때에 얻어지는 것이 보통이다. 이 차이성이 현저하게 나타나게 된다면 그들은 대비를 이룬다고 한다. 다른 말로 표현한다면 적절한 통일과 변화가 이루어질 때 조화를 이룬다고 할 수 있다. 통일감 또는 유사성을 주기 위한 요소들로 모양, 크기, 색, 주제, 재료, 반복 등이 있으며 단순한 반복이나 어우러짐보다는 적절한 변화와 강약이 있는 조화가 중요하다.

비례(Proportion)

비례란 각 조형 요소들의 상대적인 길이나 크기를 말하며 황금 분할, 황금 비례라는 표현은 가장 아름다운 비율을 나타낼 때 하는 말이다. 조화의 근본이 되는 균형을 말하며 과거에는 비례를 미술과 무관한 과학이나 수리의 세계라고 생각했었지만 근래에는 건축이나 그래픽디자인 등 여러 분야에 이르기까지 그 영향력이 확대되고 있다.

균형(Balance)

여러 가지 조형적 요소들 간에 시각적인 안정감이 있어 보일 때 일반적으로 균형이 잡혀 있다고 표현한다. 두 개 이상의 요소 사이에서 부분과 부분 또는 전체 사이에서 시각적으로 안정되어 있으면 보는 사람에게 안정감을 주게 된다. 그래서 균형이 잡혀 있다는 것은 자연스럽다는 것을 의미한다. 규칙 또는 균형이 깨어진 것은 불안정하지만 시각적으로는 강하게 자극하게 된다. 균형의 요소로는 모양, 명도, 질감, 색, 크기와 대칭, 비대칭 등이 있고 모양의 균형은 대칭과 비대칭의 두 가지 형태로 구별된다.

- **대칭**

  가장 전형적인 구성형식이며, 가장 일반적으로 균형이 잡힌 형태로서 구성의 중앙을 지나는 선을 축으로 양쪽 면을 접으면 완전히 일치되는 것을 말한다. 일반적으로 대칭의 균형을 이룬 구성은 안정되고 위엄이 있어 보이며, 고요하고 차분하게 보이는 경향이 있다.

- **비대칭**

  구성의 중앙을 지나는 선을 축으로 양쪽이 서로 다른 모양이지만 시각적 무게를 갖고 있어서 보는 사람에게 변화 있는 형태로서 안정감을 주며, 개성적인 감정을 느끼게 한다. 비대칭 또는 부정형의 균형이 가지고 있는 다양성은 전형적인 균형보다 훨씬 매력적이고 은밀한 신비로움을 제공하여 준다.

율동(Rhythm)

조형 작품에서의 율동(리듬)이란 반복된 형태나 구조, 선의 연속과 단절에 의한 간격의 변화로 발생하는 시선의 시각적 운동을 말한다. 즉, 음악의 시각적 표현으로 생각할 수 있다. 동적인 질서가 활기 있는 표정을 가지고 있기 때문에 율동은 다른 원리에 비해 생명감과 존재감이 가장 강하게 나타난다. 반복된 형태나 크기 등의 여러 요소들의 강약이 조절된 형태로서, 반복과 방사, 점이의 형태로 나타나게 된다. 균형과 조화 속의 변화와 반복을 통한 율동은 생명감과 운동감을 나타나며 재미있는 요소를 디자인에 부여하게 된다.

- **반복**

  반복은 동일한 요소나 대상 등을 두 개 이상 배열시켜 시선 이동을 유도함으로 동적인 느낌을 발생시키게 된다. 반복은 이때 발생된 동적인 느낌을 통해 율동감을 느끼게 하는 것이다. 반복은 대상의 의미를 강조하는 수단으로 사용되기도 한다.

- **방사**

  한 개의 중심점에서 사방으로 퍼져나가는 형태에서도 율동감이 발생한다.

- **점이**

  점이는 각 요소들 사이에 단계적인 변화나 일정한 비례를 주는 것으로 반복보다는 강한 느낌을 주어 동적이며 경쾌한 율동감을 주게 된다. 예를 들어 초승달이 보름달까지 점차 만월로 변하는 점이는 변화와 운동을 내포하고 있으며, 또한 시각적으로는 힘의 경쾌함이 율동감으로 다가오게 된다.

화면 구도

구도는 디자인에 있어서 변화와 통일성 있는 디자인의 기본이 되는 것으로 디자인의 주제와 방향에 맞춰 구도를 정하고 그 구도에 맞춰 각각의 요소들을 배치해야 한다. 정형화된 구도보다는 디자인될 형태나 내용에 따라 변화하고 융통성 있는 구도가 중요하다. 구도의 요소는 변화, 균형, 통일, 율동, 원근이다.

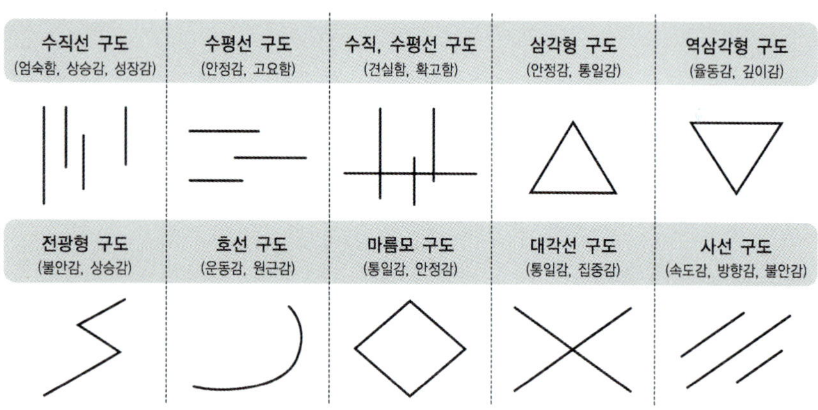

Chap.02 / 색채 이야기

색이란

색이란 빛의 스펙트럼의 조성에 의해서 발생하는 성질의 차로 인지되는 시감각의 특성이라고 할 수 있다. 사람의 눈은 물체를 색과 형태에 의해서 지각하므로 색은 시각의 기본적 요소 중 하나이다. 보통은 빛이 눈에 들어와서 색 지각을 일으키게 되어 색을 인식하게 된다.
우리 눈의 망막에는 원추세포, 간상세포라는 두 종류의 시세포가 있다. 태양이나 전등과 같은 밝은 조명 아래에서는 원추세포가 작동하여 색 지각을 일으키게 되며, 달빛과 같은 어두운 조명 밑에서는 간상세포가 작동하여 흑백사진과 같은 무채색으로 인식하게 된다.

물체의 색

모든 물체는 자연광을 받으면 일정한 파장의 빛만 반사하고 나머지는 흡수하는 성질이 있기 때문에 빛의 자극에 의하여 각자의 고유한 색을 지니고 있는 것처럼 보이게 되는데 이를 물체의 색이라고 한다. 빛이 파장에 따라 반사하는 비율의 차이가 물체의 색을 다르게 보이도록 하는 이유가 된다.

색채의 지각 과정

색이란 물체 표면이 반사한 빛의 파장을 우리 눈으로 인식한 것이므로 물체가 고유색을 가지고 있거나 인위적인 색을 가지고 있더라도 반사되는 빛이 없으면 색을 구분할 수 없다. 빛은 우리가 볼 수 있는 많은 색에 해당하는 파장을 가지고 있지만, 물체 표면은 해당하는 파장의 일부분을 반사시켜 색을 표현하게 된다.

색채 지각의 조건

- 빛의 밝기
- 사물의 크기
- 색의 대비
- 색의 노출시간

색의 분류

원색이란?

다른 색을 섞어서 만들 수 없는 색을 원색이라 한다. 하나의 색을 더 이상 분해할 수 없으며, 다른 색과 혼합해서 다른 색을 만들 수 없다.

- **무채색**
  흰색에서부터 검정색까지 중간에 있는 여러 가지의 회색 층을 말한다. 무채색의 온도감은 차지도 따뜻하지도 않은 중성색이며 명도의 차이만 있을 뿐 채도가 없는 색을 말한다.

- **유채색**
  순수한 무채색을 제외한 모든 색을 말하며, 즉 빨강, 주황, 노랑, 녹색, 파랑, 보라 등과 그 외에 그 사이에 존재하는 색은 물론이며 색감을 조금이라도 가지고 있으면 모두 유채색이라고 한다. 색상, 명도, 채도 모두 가지고 있다.

색의 3속성

색상(Hue)

물체의 표면에서 선택적으로 반사되는 색 파장의 종류에 의하여 결정되며 명도나 채도와는 상관없이 색채를 구별하는 데 필요한 색의 명칭을 말한다. 스펙트럼에서 보이는 빨강, 주황, 노랑, 초록, 파랑, 남색 보라의 7가지 색과 그 사이의 수많은 색들을 말한다.

명도(Value, Lightness)

색상끼리의 명암상태 또는 물체가 지니는 밝기의 정도를 명도라고 한다. 물체의 표면이 모든 빛을 흡수하면 검정색, 모든 빛을 반사하면 흰색이 된다. 그리고 주어진 광원을 중심으로 반사의 정도를 말할 때는 명도(Value)를 밝기(lightness)라고 말하며 명도가 낮아질수록 검정색이 된다. 백색에 가까울수록 명도가 높다는 의미이며 흑색에 가까울수록 명도가 낮다는 의미이다.

채도(Saturation)

채도란 색의 선명도를 말한다. 포화도(Saturation)라고도 하며 명도는 순색에 백색이나 흑색을 섞으면 어두워지거나 밝게 변하지만 채도는 백과 흑에 관계없이 섞을수록 점점 흐려진다. 아무 색도 섞이지 않은 원색에 가까운 색을 채도가 높다고 하며, 순색에 무채색을 많이 섞을수록 채도가 낮아지게 된다. 유채색끼리도 많이 섞을수록 채도가 낮아진다. 즉 채도란 색의 맑고 탁함을 의미하는 것으로 채도가 높은 색은 경쾌감을 주고 채도가 낮은 색은 무게감을 주는 경향이 있다.

- 순색 : 무채색이 거의 포함되지 않은 색
- 맑은 색 : 색 중에서 채도가 가장 높고 깨끗한 색
- 탁색 : 채도가 낮은 색

색채대비

어느 두 개의 색을 각기 다른 배경에서 색채효과를 비교했을 때 그 사이에 확실한 차이가 인정될 경우, 이것을 색채대비라고 부른다. 두 가지 이상의 색채를 인접시키면 나타나는 감각의 차이라고 할 수 있다. 이 차이가 가장 많이 나는 것을 대극대비라고 하며 극단적인 흑-백, 한-난 등을 예로 들 수 있다.

색채대비의 종류

동시대비

가까이 있는 두 가지 이상의 색을 동시에 볼 때 주변색의 영향으로 실제로는 같은 색이 다르게 보이는 현상이다.

색상대비

근접하는 두 가지 이상의 색이 서로 대비되어 색상 차가 크게 느껴지는 현상이다. 삼원색일 경우 그 차이가 가장 크게 나타나며, 유사한 색끼리의 배치는 색상대비를 약하게 만든다. 주로 색상에 변화를 주는 대비현상을 색상대비라 한다.

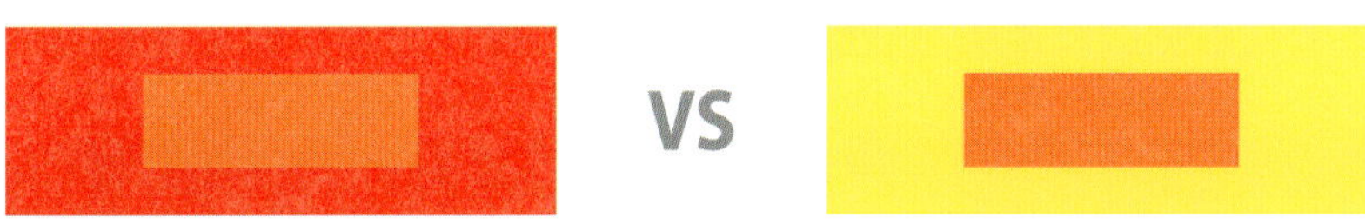

명도대비

색의 3속성의 관계에서 특히 명도에 변화를 주는 대비현상으로 색의 밝고 어두움의 차이를 이용한 대비이다. 밝고 어두운 차이가 크면 클수록 명도대비는 크게 일어나게 되며, 면적에 따라 명도대비는 주변의 명도에 영향을 주게 된다. 예를 들어 같은 명도의 회색을 백색바탕과 흑색바탕에 각기 놓았을 때 백색 바탕속의 회색은 어둡게, 흑색바탕속의 회색은 밝게 보인다. 명도대비는 명도차가 있는 2색 중 밝은 색은 더 밝게 어두운색은 더 어둡게 느끼는 현상이다.

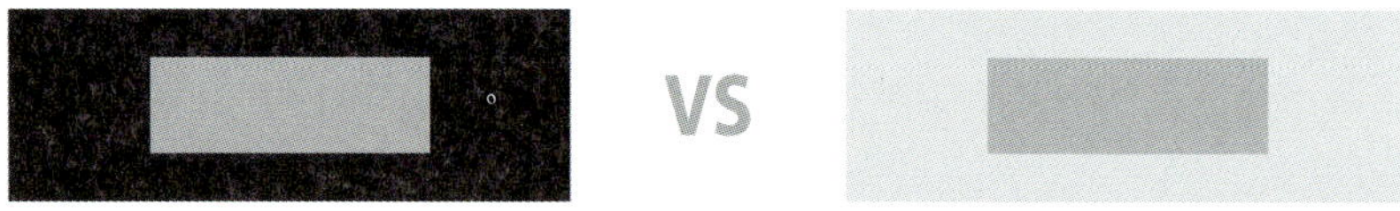

한난대비

색의 따뜻하고 차가운 느낌의 대비이다. 일반적으로 한색은 파란색 계열의 색상이며 빨강색 계열의 색상은 난색이다. 하지만 주변의 색상에 영향을 받기 때문에 난색이지만 주변의 색으로 인하여 차갑게 보이거나 그 반대의 경우가 발생할 수 있다. 또한 중성색 옆에서 불이나 태양과 같이 뜨거운 온도를 연상시키는 난색은 더욱 따뜻하게 하고, 물이나 얼음과 같이 차가운 온도를 연상시키는 한색은 더욱 차게 느껴지게 된다.

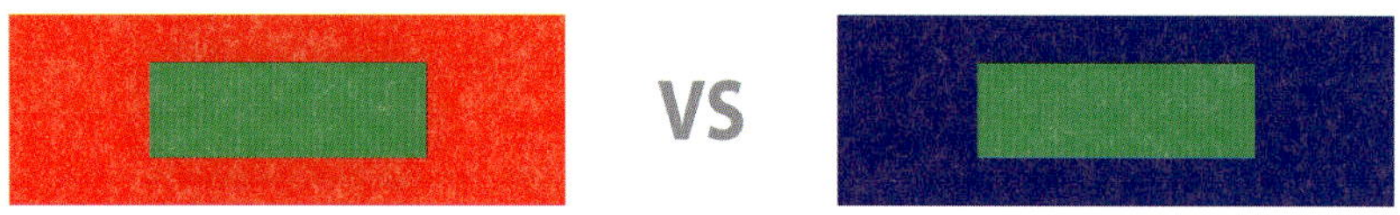

연변대비

경계대비라고도 하며 어떤 두 색이 나란히 놓여 있을 때 그 경계 부분에는 그 곳에서 떨어져 있는 다른 부분보다 색상, 명도, 채도대비의 현상이 더 강하게 일어나는 현상을 말한다. 대표적인 예로는 검정 사각형 사이의 흰색이 교차하는 지점에 약간 희미한 검은 점이 보이는 착시 현상을 일으키는 것을 말한다.

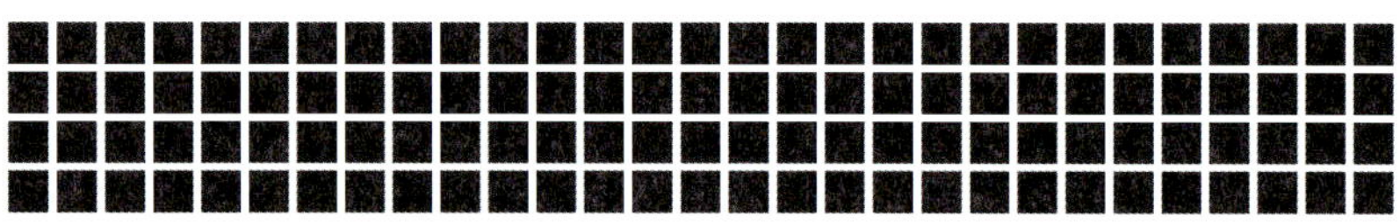

보색대비

색상이 매우 다른 색들은 계시대비에 있어서나 동시대비에 있어서나 대체로 색상의 변화가 없는 편이다. 특히 색상이 정반대되는 보색끼리 배색되었을 경우에는, 각각의 색은 자체색의 색상이 더욱 뚜렷해지며, 채도가 높아져 보인다. 이것은 각 색의 보색잔상이 상대방과 일치하기 때문이다. 이런 현상을 보색대비라고 한다. 혼합하였을 때 무채색이 되는 두 색을 서로의 보색이라고 한다. 보색대비는 시각적으로 강한 느낌을 주지만 잘못 활용하면 시각적으로 피로감을 주게 된다. 예를 들어 빨간색을 한동안 보고 있다가 흰 벽면을 보게 되면 청록색이 잠깐 보이게 되는데 이는 피로해진 시각기관이 평형상태를 이루기 위해 생긴 잔상현상이며, 이것을 계시대비라고 한다. 이러한 잔상현상으로 보이는 색이 바로 보색에 해당한다. 또한 보색대비 색은 한난대비의 성향도 함께 가지고 있으며, 양감을 표현하기 위해서도 사용한다.

채도대비

채도가 낮은 색과 높은 색 간의 대비로서 채도가 높은 색의 채도가 더 선명하게 보이고 채도가 낮은 색의 채도는 더 흐리게 보이는 대비이다. 채도는 순수한 색에 다른 색이 혼합되면 낮아지므로 보통 색을 혼합하는 경우 무채색 또는 보색 배합을 이용하는 경우가 많다. 무채색끼리는 채도대비가 일어나지 않기 때문이다.

면적대비

면적대비는 색채가 면적 비에 따라 다르게 느껴지는 차이를 의미한다. 같은 색이라도 넓은 면적에 사용된다면 더 선명하고 밝아져 강한 인상을 주게 된다. 만약 좁은 면적에 사용하게 된다면 더 어두운 인상을 주게 된다. 따라서 명도가 높은 색상은 그 면적을 적게 하고 명도가 낮은 색상은 그 면적을 크게 한다든가 아니면 채도가 높은 색상은 그 면적을 적게 하고 채도가 낮은 색상은 그 면적을 크게 배분하여 시각적으로 균형 있는 색 면을 구성 할 수 있다. 면적에 따라 색이 다르게 느껴지므로 화면의 균형을 잡기 위해서 자주 이용된다.

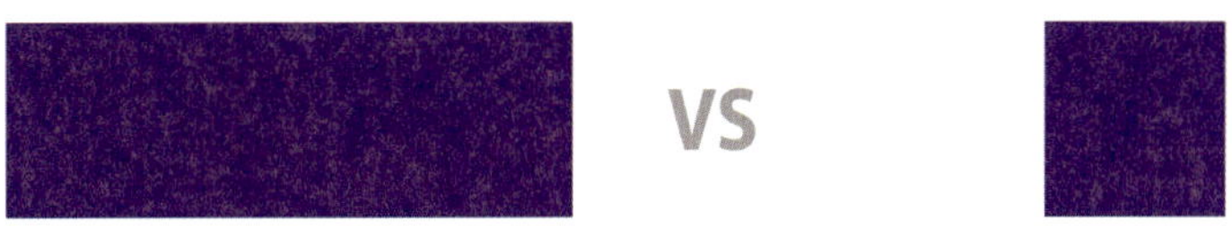

색의 이미지

색은 색상 톤이나 색 자체로서의 이미지를 가지고 있는 경우가 많다.

- 순색 : 화려하며, 활동적이고 강렬한 이미지
- 중간색 : 차분한 이미지, 소박하고 안정감 있는 이미지
- 밝은 톤의 색상들(파스텔 톤) : 가벼운 이미지, 여성적이고 부드러운 이미지

색의 일반적인 이미지

- 빨강 : 감정을 자극하며 여성스러움, 정열적, 경고
- 주황 : 경고, 따뜻한 이미지
- 노랑 : 밝고 명쾌한 느낌, 봄과 같은 따뜻함, 생동감
- 초록 : 자연색, 고요, 부드러움, 편안한 느낌
- 파랑 : 바다 같은 느낌, 개방감, 편안함, 우울함, 침체된 느낌
- 보라 : 화려함, 외로움
- 흰색 : 순수하고 깨끗한 이미지, 단순함
- 검정 : 무게감, 우울한 느낌, 죽음의 색, 무채색이며 모든 빛을 흡수하기 때문에 다른 색을 강조

Chap.03 / 컴퓨터그래픽 이야기

컴퓨터그래픽이란

컴퓨터그래픽[Computer Graphics, CG]이란 컴퓨터를 이용해 실세계의 영상을 조작하거나 컴퓨터를 이용해 새로운 도형이나 영상을 만들어내는 기술을 지칭한다. 최근에는 3차원 컴퓨터 그래픽스를 컴퓨터 그래픽스로 부르기도 한다.

컴퓨터그래픽디자인의 활용분야

그래픽디자인, 제품디자인, 웹디자인, 멀티미디어디자인, 캐릭터디자인, 패키지디자인, 편집디자인, 광고디자인, CIP디자인, 인터렉션디자인, 모션그래픽디자인, 타이포그래피디자인, 일러스트레이션 등 매우 광범위하고 다양하다.

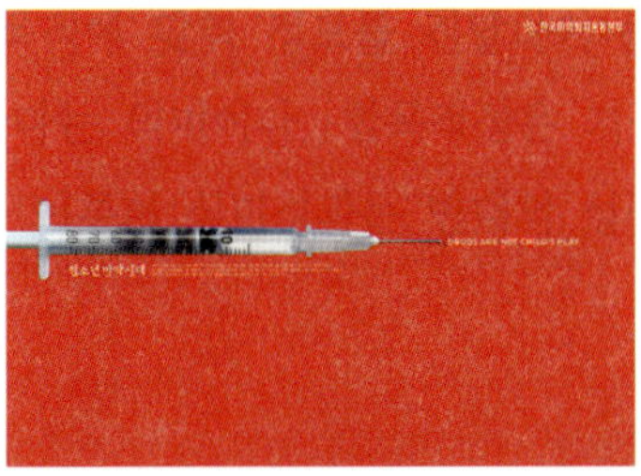

▲ 그래픽디자인

▲ 제품디자인

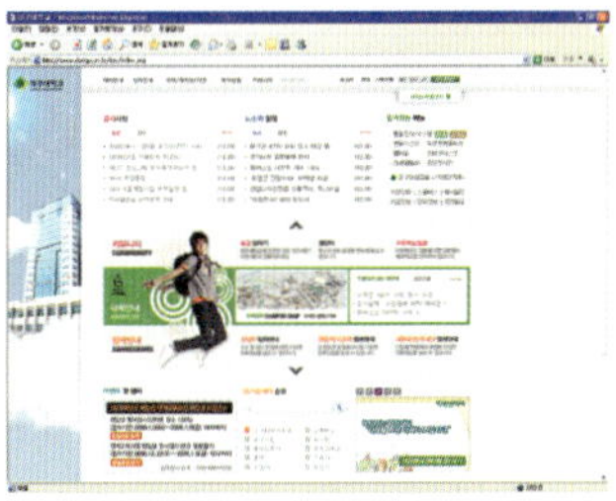

▲ 웹디자인

▲ 멀티미디어디자인

▲ 캐릭터디자인

▲ 패키지디자인

컴퓨터그래픽의 색상체계

CMYK모드

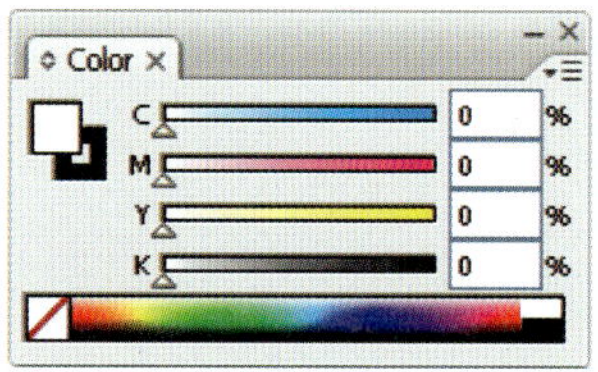

인쇄(4도 분판)나 출력을 목적으로 할 때 사용하는 모드로 CMYK모드는 Cyan(청색), Magenta(적색), Yellow(노란색), Black(검은색) 등의 4색을 혼합하여 모든 색을 표현하게 된다. 각각의 컬러를 백분율(%)로 조절하며 순수한 흰색은 모든 컬러가 0%로 CMYK모드는 혼합할수록 어두워지는 감산혼합이며, RGB모드에 비하여 색상표현 영역이 제한적이다.

RGB모드

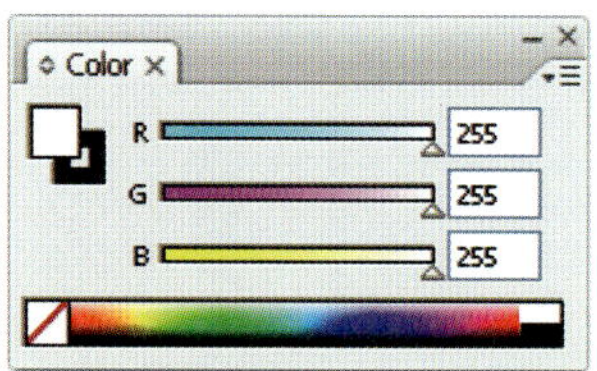

빛의 3원색으로 Red(빨간색), Green(녹색), Blue(파란색)의 혼합으로 모든 색을 표현하며, 혼합할수록 밝아지는 가산혼합이다. 빛의 강약을 조절하는 개념으로 각 컬러의 단계는 0~255로 나뉘며 이것은 컬러에 대한 강도를 나타내는 것으로 255로 갈수록 밝아진다. 모니터, 영상, 홈페이지, CD-ROM 등 화면용 작업을 할 때 사용되는 색상모드이다.

Grayscale모드

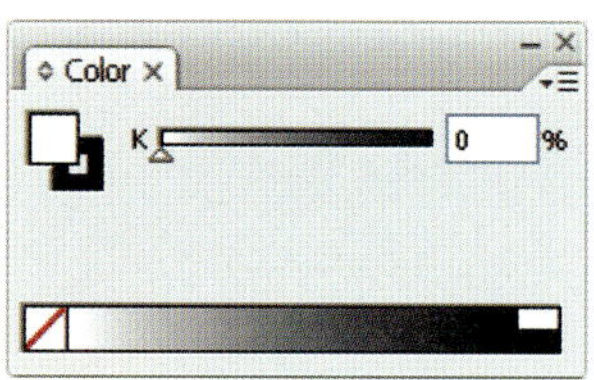

컬러라기보다는 빛의 명암(Tone)으로 백분율로 나타내는 것으로 0%는 화이트이며 100%는 블랙이다.

Web Safe RGB

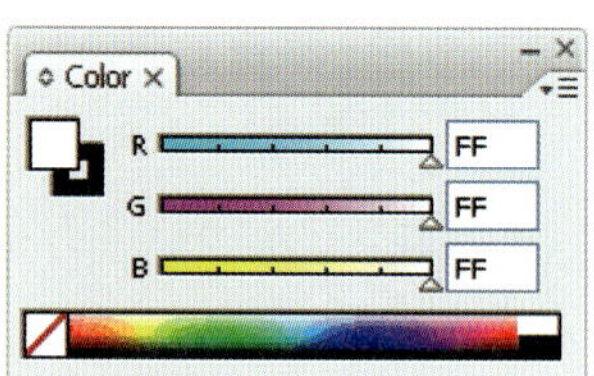

웹 그래픽에서 색상을 안전하게 구현해 줄 수 있는 컬러를 나타내며 어느 해상도에서도 깨끗하게 나타낼 수 있는 컬러이다. Red, Green, Blue의 각 단계를 6단계로 나누었기 때문에 최고 216컬러를 지원한다.

래스터(비트맵) 이미지와 벡터 이미지

래스터(Raster) 이미지

작은 사각형들이 모여서 이미지를 표현하는 방식으로 픽셀(Pixel)로 이루어졌다고 해서 래스터 이미지 또는 픽셀(Pixel) 이미지라고 한다. 픽셀은 그래픽의 최소단위로 픽셀 하나하나가 모여 이미지를 이루게 된다. 픽셀 단위의 이미지들은 다양한 색상을 활용할 수 있으며, 사진과 같은 화려한 색상과 유연한 그림에 적합하다. 래스터 이미지는 각각의 픽셀의 밀도에 의해서 이미지의 품질을 나타내기 때문에 벡터 이미지에 비해 용량이 크며 이미지를 확대 할 경우 이미지 손상을 일으키는 단점이 있다.

벡터(Vector) 이미지

그래픽화면에 나타나는 도형이나 글자, 문양의 모양을 각 선분이나 곡선요소, 위치, 두께 등을 기억해 연산하여 표현하는 방식으로 단순한 도형과 같은 개체 표현에 적합하며, 섬세한 선이나 형태를 효과적으로 표현할 수 있다. 벡터는 드로잉 프로그램(점, 선, 면을 사용하는 프로그램)에서 사용하는 이미지 표현 방식이다. 래스터 방식은 이미지를 한 장의 그림으로 인식하지만 벡터 방식은 이미지를 단지 데이터로만 인식한다. 그림을 확대하거나 축소해도 래스터 방식의 이미지에 비해 이미지에는 전혀 변화가 없으며 정점의 좌표 값을 데이터로 기억하기 때문에 래스터 방식에 비해 수정이 자유롭고 용량이 작다. 그러나 사용할 수 있는 색상에 한계가 있으며, 사진과 같은 유연한 작품을 만들 수는 없다.

구 분	래스터 이미지	벡터 이미지
이미지 비교		
구성요소	픽셀(pixel – 작은 사각형의 점)	수학적인 데이터인 패스와 기준점
대표 프로그램	포토샵, 페인터, 페인트샵 프로 등	일러스트레이터, 플래시, 프리핸드, 코렐드로우, CAD 등
이미지 확대 시	 확대 시 선명도가 떨어지며, 원본사이즈(100%)보다 크게 출력 시 이미지의 품질이 떨어짐	 일러스트레이터, 플래시, 패스와 기준점으로 표현함으로써 확대해도 이미지의 변함이 없고, 원본사이즈보다 크게 출력해도 이미지의 품질이 떨어지지 않음
파일용량	픽셀 하나하나에 데이터를 저장하는 것으로 색상이 풍부할수록 용량이 커짐	패스와 기준점의 위치값과 컬러데이터를 수치화하는 방식으로 용량이 작으며, 파일 크기를 확대해도 용량은 변하지 않음
해상도	웹용 이미지 : 72dpi 출력용 이미지 : 150dpi 인쇄용 이미지 : 300dpi 해상도가 낮을수록 출력 시 선명도가 떨어짐	해상도의 개념이 없음

컴퓨터그래픽 파일 포맷의 종류 및 특성

파일 포맷이란 그래픽 소프트웨어로 작성된 파일의 데이터 형식을 의미한다.

AI

일러스트레이터의 전용 파일 포맷으로 프로그램의 버전마다 기능이 추가되어서 버전 간 호환이 되지 않을 수도 있다. 상위버전에서 하위버전의 포맷을 불러오는 것은 언제든지 가능하며, 벡터 방식인 일러스트레이터의 파일 속성은 물론 비트맵을 포함한다.

EPS

인쇄할 때 사용하는 파일 포맷으로 고품질의 출력물을 보장한다. 파일용량이 크다는 단점이 있지만 CMYK모드를 지원하여 완벽한 분판출력이 가능하다. 클리핑 패스 기능 이용 시 이미지의 일부만이 표현되는 효과를 얻을 수 있는 것과 같은 강력한 기능들이 많아 자주 사용된다.

PSD

어도비(Adobe)사의 포토샵의 전용 파일 포맷으로 단순히 이미지만을 저장하는 것이 아니라 포토샵에서 다루는 모든 정보(문자 레이어, 투명 레이어, 채널, 패스 등)를 저장할 수 있다. 포토샵 전용파일로 타 그래픽 프로그램과는 호환 불가능하며 파일의 용량이 크다.

PDF

어도비(Adobe)사의 아크로뱃(Acrobat) 프로그램에서 사용되는 문서 작성용 파일 포맷으로 파일 용량이 작고, 강력한 기능 때문에 많이 사용되고 있다. 무엇보다 문서가 만들어진 시스템 환경이 달라도 동일한 문서를 교환할 수 있다.

JPG

가장 많이 사용되는 그래픽 파일 포맷 중의 하나로 압축률이 가장 뛰어난 장점이 있다. GIF 포맷과는 달리 JPEG는 RGB 이미지에서의 모든 컬러 정보를 유지하고 있지만 압축 방식 중 손실 압축 기법을 이용하기 때문에 압축률이 높은 반면 압축을 높일 경우 이미지의 품질이 현저하게 떨어지는 단점이 있다. 그러나 압축함으로 발생하는 이미지 손실에 비해 장점이 훨씬 크기 때문에 가장 많이 사용하는 이미지 저장 형식이다.

GIF

높은 압축률로 인해 웹에서 많이 사용되는 파일 포맷으로 256컬러로 제한을 받는다. 하지만 다른 파일 포맷과는 달리 여러 프레임을 겹쳐서 한 장에 저장하여 단순한 애니메이션 파일로 만들 수 있으며, 배경이 투명한 형태의 이미지를 저장할 수 있다는 장점 때문에 자주 이용되는 파일 포맷이다.

BMP

24비트의 색상을 포함할 수 있는 DOS와 Windows의 기본 그래픽 파일 포맷으로 Windows에서는 가장 호환성이 좋지만, 용량이 다른 포맷들에 비해 아주 크다는 단점을 가지고 있다.

PICT

매킨토시에서 사용되어지는 기본 그래픽 파일 포맷으로 매킨토시의 거의 모든 소프트웨어에서 이 포맷을 지원하며 32비트 색상을 처리할 수 있다.

TIFF

비트맵 이미지처리 소프트웨어에서 읽고 쓰기가 가능한 호환성이 높은 파일 포맷으로 RGB컬러나 CMYK컬러 등 다양한 색상을 지원하고 있다.

PING

인터넷 환경에서 사용하는 GIF나 JPEG파일의 단점을 보완하기 위해서 만들어진 파일 포맷으로 이미지의 투명도와 알파 채널을 포함 시킬 수 있으나 애니메이션 기능은 지원하지 않는다.

PART 02 / 일러스트레이터 CS3

Chap.01 / 일러스트레이터 시작하기

일러스트레이터 소개

미국 어도비(Adobe)사의 2차원 벡터 드로잉 프로그램으로 정교하고 깨끗한 도형과 선을 그릴 수 있다. 작업한 이미지를 확대하거나 축소하는 등의 변형을 가해도 이미지에 손상이 가지 않고 많은 용량을 차지하지 않는 장점이 있다. 주로 심벌마크디자인, 로고타입디자인, 캐릭터디자인 등에 많이 사용하는 전문적인 벡터 그래픽 프로그램이다.

Adobe Illustrator 10 이후의 새로운 버전은 Adobe Illustrator CS라고 부르며. CS3는 버전으로는 13.0이다. CS는 Creative Suite의 약자로 Adobe 제품군 중 Adobe 전문 크리에이티브 애플리케이션이 제공하는 높은 수준의 통합성을 반영하기 위하여 Adobe의 디자인 및 레이아웃 도구를 통칭하는 새로운 버전 명칭이다.

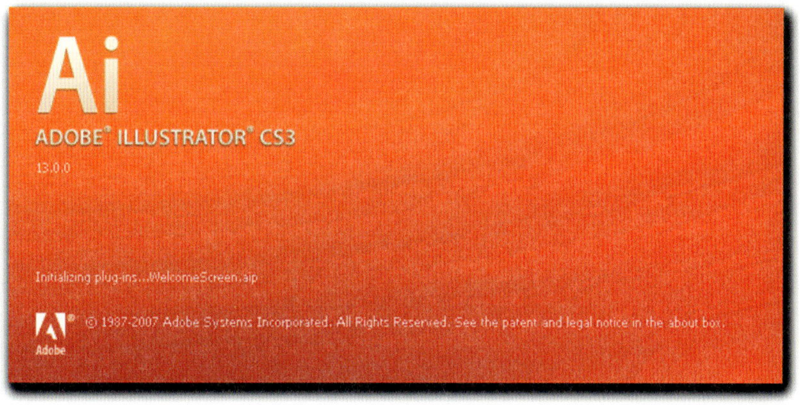

일러스트레이터 CS3 기본 화면

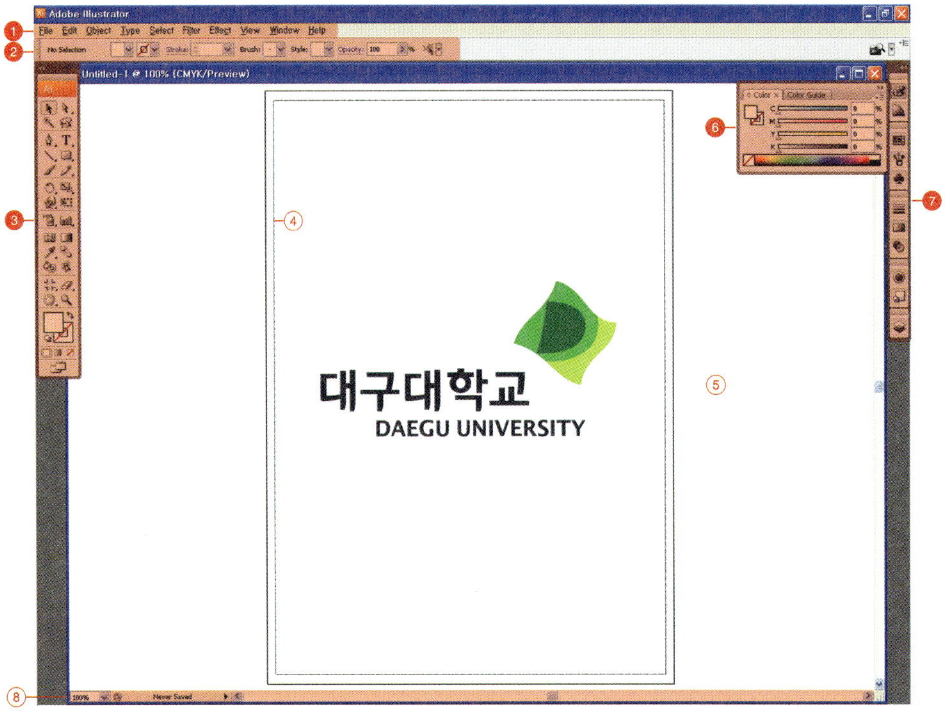

❶ 메뉴 표시줄(Menu Bar)

메뉴 표시줄에는 10가지의 메뉴가 있고 메뉴별로 하위 메뉴를 제공하며, 메뉴 명을 클릭하면 하위 메뉴가 나타난다. 이때 메뉴 명이 검은색인 것은 실행 가능하며, 회색인 메뉴는 조건이 맞지 않아서 실행이 불가능하다는 것을 의미한다.

❷ 컨트롤 팔레트(Control Palette)

선택한 툴과 오브젝트에 관한 여러 가지 옵션들을 설정한다.

❸ 툴 박스(Tools Box)

일러스트레이터의 가장 중요하고 기본이 되는 도구들을 모아놓은 곳이다.

④ 페이지 타일링(Page Tiling)

아트보드의 영역 안쪽 1cm 들어간 점선 부분으로, 작업완료 후 출력 시에 점선 안쪽의 오브젝트만 인쇄되는 프린트 가능경계를 표시해 주는 영역이다.

⑤ 도큐먼트(Document)

실제 작업이 이뤄지는 영역으로 도큐먼트 안에서 작업하고 저장할 수는 있지만 출력 시에는 반드시 페이지 타일링 영역 안에 두고 인쇄해야 한다.

⑥ 각종 팔레트

[Window]메뉴에서 사용하고자 하는 메뉴 명을 클릭해서 보거나 감출 수 있고, 여러 가지 옵션을 사용자가 설정하여 오브젝트를 다양하게 편집할 수 있다.

※ 체크 표시가 된 메뉴들은 화면에 표시된다.

⑦ 팔레트

팔레트를 축소해서 아이콘만 보이게 하는 것으로 필요할 때만 아이콘을 클릭하여 팔레트를 열 수 있기 때문에 아이콘에 익숙해지면 작업영역을 좀 더 넓게 활용할 수 있다.

⑧ 상태표시줄

화면배율, 작업진행 상황 등 작업에 필요한 정보를 제공한다.

Tip 아트보드와 페이지 타일링 보이기와 숨기기

아트보드(도큐먼트의 크기를 나타내는 검은 테두리선)와 페이지 타일링은 [View]→[Hide & Show Artboard]메뉴와 [View]→[Hide & Show Page Tiling]메뉴로 숨기거나 보이게 할 수 있다.

일러스트레이터 CS3 툴 박스(Tools Box)

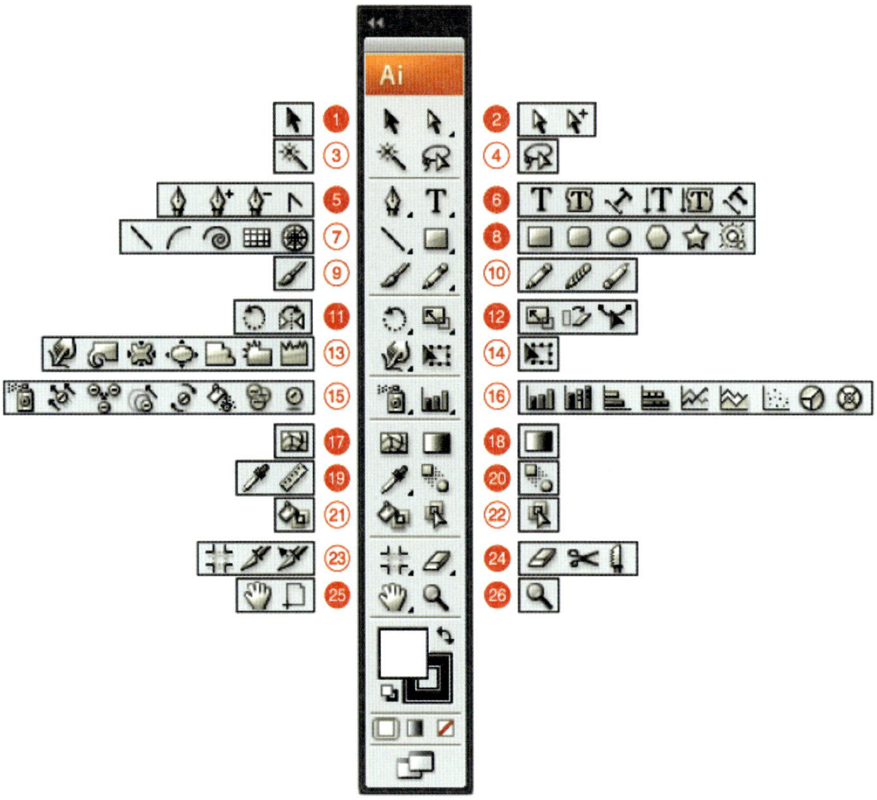

선택 툴 ●●●●●●

❶ 선택 툴(Selection Tool)

오브젝트를 선택하는 툴

❷ 직접 선택/그룹 선택 툴(Direct Selection/Group Selection Tool)

- 직접 선택 툴 – 오브젝트의 기준점과 선을 선택하는 툴
- 그룹 선택 툴 – 그룹으로 지정한 오브젝트를 선택하는 툴

③ 마술봉 툴(Magic Wand Tool)

클릭하는 오브젝트와 동일한 색상 값을 가진 모든 오브젝트를 선택하는 툴

④ 올가미 툴(Lasso Tool)

자유롭게 드래그해서 드래그 영역안의 오브젝트, 선, 기준점을 선택하는 툴

오브젝트 생성 도구 ●●●●●●

5  펜 툴(Pen Tool)

팬 툴, 기준점 추가 툴, 기준점 삭제 툴, 방향점 전환 툴로 구성되어 있고 자유로운 형태를 드로잉 할 때 사용되며, 오브젝트를 만들거나 베지어 곡선의 형태를 조절하는 툴

6  문자 툴(Type Tool)

문자 툴, 영역 문자 툴, 패스 문자 툴, 세로문자 툴, 세로영역 문자 툴, 세로 패스 문자 툴로 구성되어 있고 다양한 방법의 문자를 입력하는 툴

7  선형 툴(Line Segment Tool)

직선 툴, 곡선 툴, 나선형 툴, 사각그리드 툴, 원형 그리드 툴로 구성되어 있고 다양한 형식의 선을 그리는 툴

8  셰이프 툴(Shape Tool)

사각형 툴, 둥근 사각형 툴, 원형 툴, 다각형 툴, 별 툴, 플레어 툴로 구성되어 있고 다양한 도형을 그릴 때 사용하는 툴

플레어 툴은 조명 효과나 태양광선 효과를 낼 때 사용하는 툴

9  페인트브러시 툴(Paintbrush Tool)

붓으로 그린 것과 같은 효과를 주는 툴

10  연필/스무드/지우개 툴(Pencil/Smooth/Path Eraser Tool)

- 연필 툴 – 자유 곡선을 그리거나 수정하는 툴
- 스무드 툴 – 선을 부드러운 곡선으로 만드는 툴
- 지우개 툴 – 오브젝트의 기준점과 곡선을 지우는 툴

편집, 변형 도구 ●●●●●●

11  회전/반사 툴(Rotate/Reflect Tool)

- 회전 툴 – 선택한 오브젝트를 자유롭게 또는 원하는 수치로 정확하게 회전 시키는 툴

- 반사 툴 – 선택한 오브젝트를 자유롭게 또는 원하는 수치로 수직, 수평 또는 원하는 각도로 반사시키는 툴

⑫  크기 조절/기울기/리셰이프 툴(Scale/Shear/Reshape Tool)

- 크기 조절 툴 – 선택된 오브젝트의 크기를 자유롭게 또는 원하는 수치로 정확하게 확대 또는 축소하는 툴
- 기울기 툴 – 선택된 오브젝트의 크기를 자유롭게 또는 원하는 수치로 정확하게 기울기를 조절하는 툴
- 리셰이프 툴 – 선택한 기준점을 기준으로 기존 형태에 많은 변화를 주지 않으면서 자연스럽게 변형할 수 있는 툴

⑬  왜곡 툴(Warp Tool)

오브젝트를 다양한 방법으로 왜곡 변형하는 툴

⑭  자유변형 툴(Free Transform Tool)

바운딩 박스와 단축키를 이용하여 오브젝트의 확대, 축소, 회전, 기울기 등을 변경할 수 있는 툴

심벌 스프레이어 툴 및 그래프 툴 ●●●●●●

⑮  심벌 스프레이어 툴(Symbol Sprayer Tool)

도큐먼트에 심벌을 적용하고 적용한 심벌을 쉽고 다양한 방법으로 편집할 수 있는 툴

⑯  그래프 툴(Graph Tool)

다양한 형태의 그래프를 제작할 수 있는 툴

다양한 효과 기능 ●●●●●●

⑰  메시 툴 (Mesh Tool)

오브젝트에 그물과 같은 기준점을 배치하여 자연스러운 색상의 그레이디언트(Gradient) 효과

를 적용할 수 있는 툴

⑱  그레이디언트 툴(Gradient Tool)

그레이디언트의 방향과 거리를 조절하는 툴

⑲  스포이드/측정 툴(Eyedropper/Measure Tool)

- 스포이드 툴 – 오브젝트의 색상 값을 추출하는 툴
- 측정 툴 – 오브젝트의 좌표, 거리, 길이 등의 정보를 알기위해 사용하는 툴 (정보 팔레트에 정보 표시)

⑳  블렌드 툴(Blend Tool)

오브젝트와 오브젝트를 연결시켜 오브젝트가 변해가는 중간 단계를 나타내는 툴

㉑  라이브 페인트 버킷 툴(Live Paint Bucket Tool)

스포이드 툴에 의해 복제된 오브젝트의 각종 속성들을 다른 오브젝트에 손쉽게 적용할 수 있는 툴

㉒  라이브 페인트 선택 툴(Live Paint Selection Tool)

라이브 페인트 버킷을 이용하여 색상을 채운 오브젝트를 자동으로 선택하는 툴

자르기 기능 및 화면 제어 툴

㉓  자르기 영역/분할/분할 선택 툴(Crop Area/Slice/Slice Selection Tool)

- 자르기 영역 툴(CS3 새로운 기능) – 인쇄 또는 내보내기용 자르기 영역을 상호작용 방식으로 지정하는 툴
- 분할 툴 – 포토샵에서 웹 이미지를 분할하는 것과 같이 이미지를 분할하는 툴
- 분할 선택 툴 – 분할된 이미지를 개별적으로 선택하는 툴

㉔  지우개/가위/나이프 툴(Eraser/Scissors/Knife Tool)

- 지우개 툴(CS3 새로운 기능) – 픽셀을 지우듯이 아트워크의 영역을 지우는 툴
- 가위 툴 – 패스나 기준점을 분리시키는 툴
- 나이프 툴 – 오브젝트를 분리시키는 툴

25 손/페이지 툴(Hand/Page Tool)

- 손 툴 – 도큐먼트를 이동하는 툴
- 페이지 툴 – 도큐먼트 상에서 페이지 타일링(인쇄영역)을 이동할 수 있는 툴

26 돋보기 툴(Zoom Tool)

도큐먼트를 확대 또는 축소하는 툴

일러스트레이터CS3 팔레트(Palette)

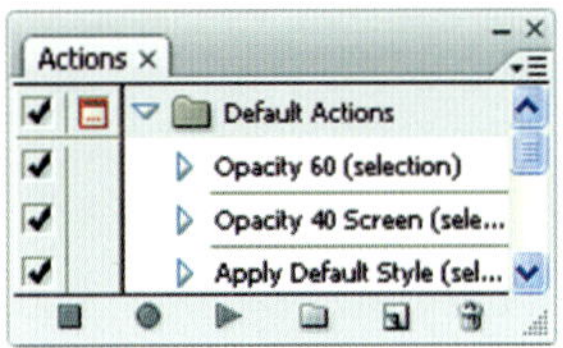

① 액션 팔레트(Actions Palette)

실행하는 작업과정을 기록하여 나중에 반복 작업이 필요한 경우 단 한 번의 명령으로 동일한 작업 결과물을 생성할 수 있다.

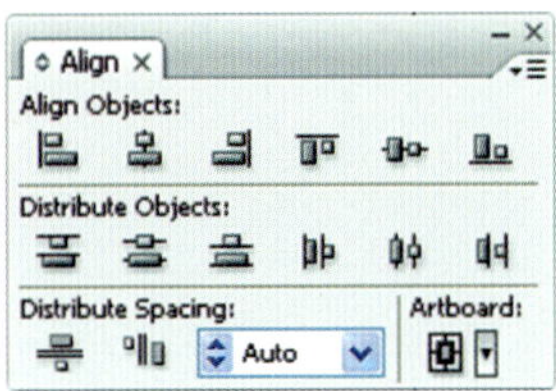

❷ 정렬 팔레트(Align Palette)

선택한 오브젝트들을 특정한 오브젝트를 기준으로 정렬하거나 일정한 간격으로 정렬할 수 있다.

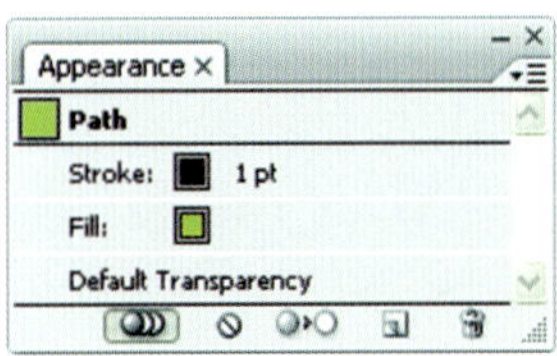

❸ 어피어런스 팔레트(Appearance Palette)

선택한 오브젝트의 면과 선에 관한 정보를 보여주거나 수정이 가능하다.

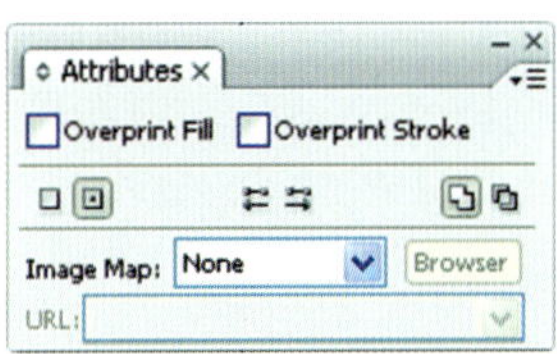

④ 속성 팔레트(Attributes Palette)

오버프린트 옵션을 제어하고 오브젝트의 속성을 설정할 수 있다.

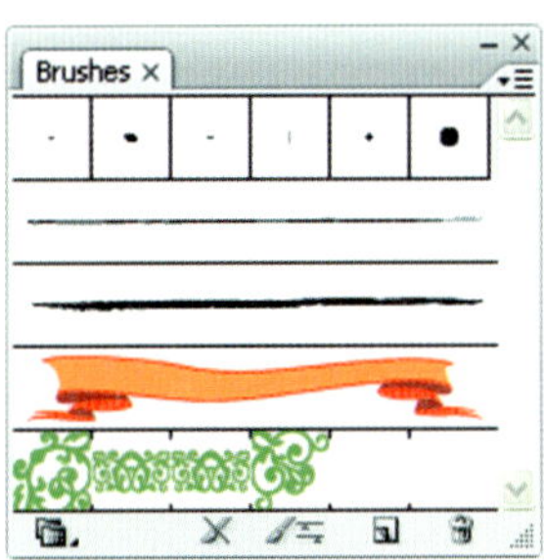

❺ 브러시 팔레트(Brushes Palette)

페인트 브러시 툴을 사용할 때 그려지는 다양한 형태의 붓 모양을 저장하고 있으며, 필요에 따라 사용자가 직접 만들어서 등록이 가능하다.

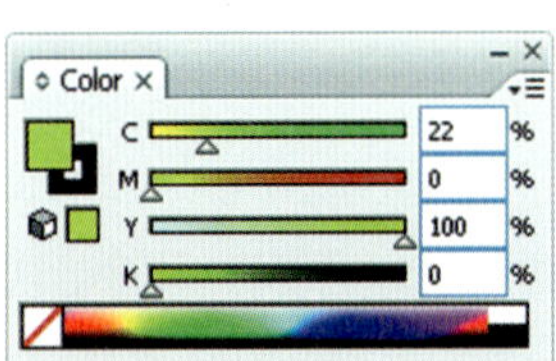

❻ 색상 팔레트(Color Palette)

수치 값을 입력하거나 색상 스펙트럼을 클릭하여 오브젝트에 색상을 적용할 수 있다.

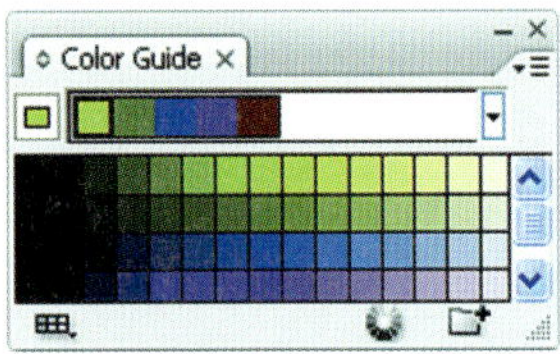

⑦ 컬러 가이드 팔레트(Color Guide Palette)

하나의 색상을 기준으로 서로 어울리는 색상들을 여러 개의 배색띠와 단계별 색상으로 나타내어 빠르고 쉽게 오브젝트에 색상적용이 가능하다.

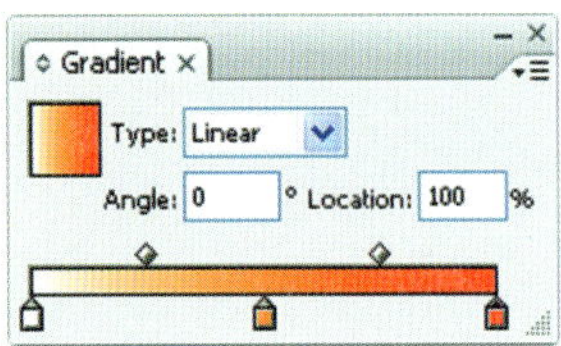

⑧ 그레이디언트 팔레트 (Gradient Palette)

직선형과 원형의 그레이디언트 방향 지정 및 컬러 추가 및 위치 조절이 가능하다.

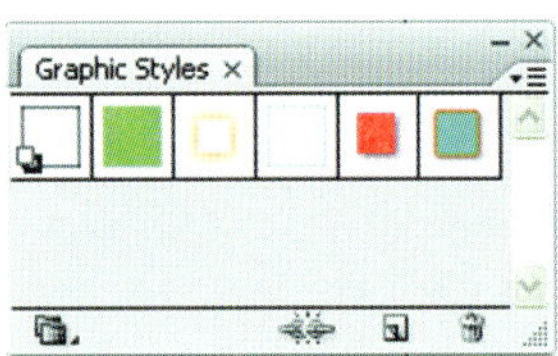

⑨ 그래픽 스타일 팔레트(Graphic Styles Palette)

다양한 이미지효과를 오브젝트에 적용할 수 있다.

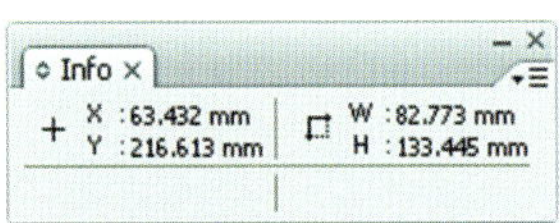

⑩ 정보 팔레트(Info Palette)

커서의 위치나 선택된 오브젝트의 정보, 색상정보를 표시한다.

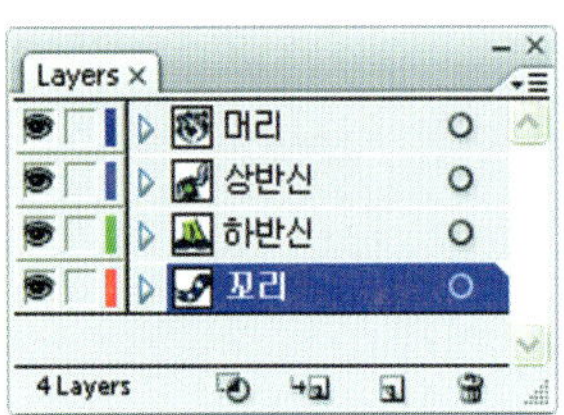

⑪ 레이어 팔레트(Layers Palette)

여러 개의 오브젝트들을 각각의 레이어에 나누어 관리함으로써 쉽게 수정 및 편집이 가능하다.

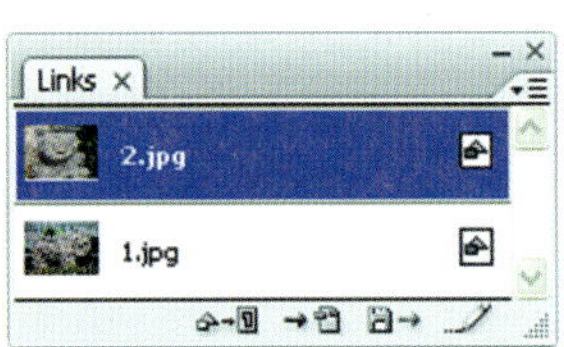

⑫ 링크 팔레트(Links Palette)

[File]→[Place]메뉴로 도큐먼트에 불러온 비트맵 이미지를 관리하며, 외부 프로그램에서 수정된 이미지를 갱신하거나 새로운 이미지로 대치 가능하다.

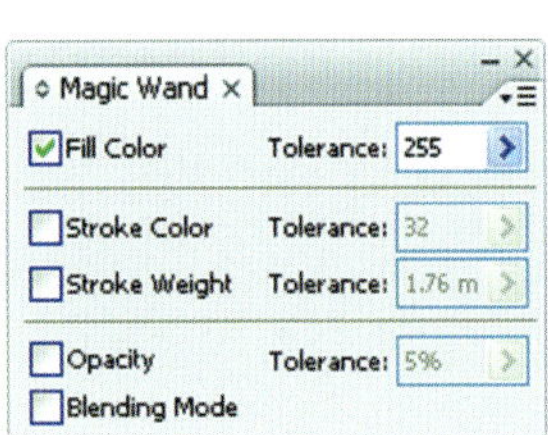

⑬ 마술봉 팔레트(Magic Wand Palette)

마술봉 툴 에 대한 옵션을 설정하는 팔레트로 오브젝트가 가지는 색상, 선두께와 같은 속성을 기준으로 유사한 오브젝트를 한꺼번에 선택가능하게 조절할 수 있다.

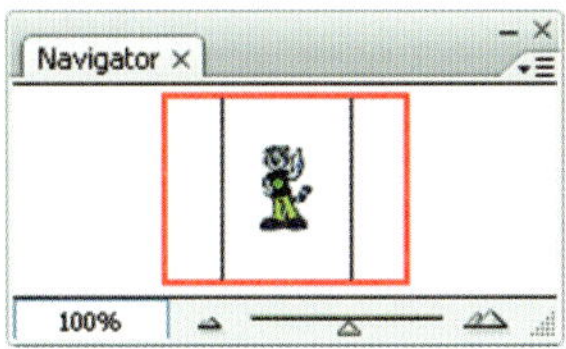

⑭ 내비게이터 팔레트(Navigator Palette)

도큐먼트의 이동, 화면을 확대 및 축소가 가능하다.

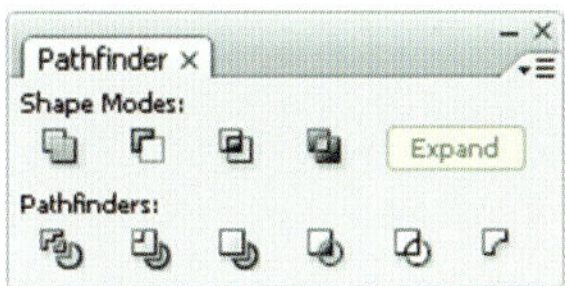

⑮ 패스파인더 팔레트(Pathfinder Palette)

두 개 이상의 오브젝트를 합치거나 각각의 새로운 객체로 기존과는 다른 형태를 생성할 수 있다.

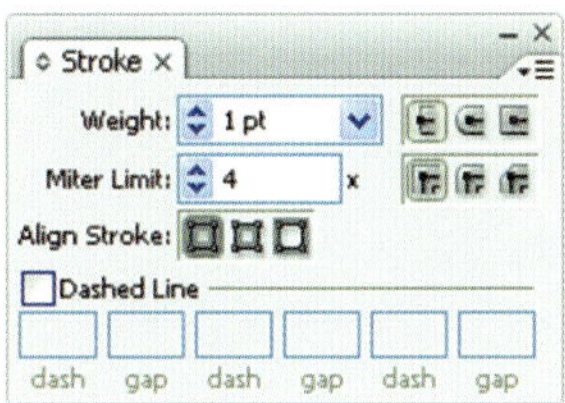

⑯ 스트로크 팔레트(Stroke Palette)

오브젝트나 문자의 외곽선의 두께, 모양 등을 설정할 수 있다.

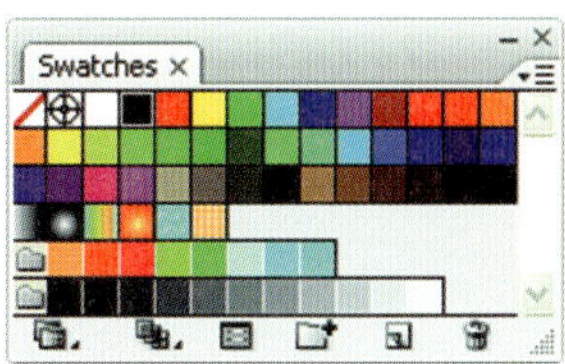

⑰ 스와치 팔레트(Swatches Palette)

작업과정에서 만들어진 색상, 패턴, 그레이디언트를 등록, 저장해 다른 오브젝트에 적용할 수 있다.

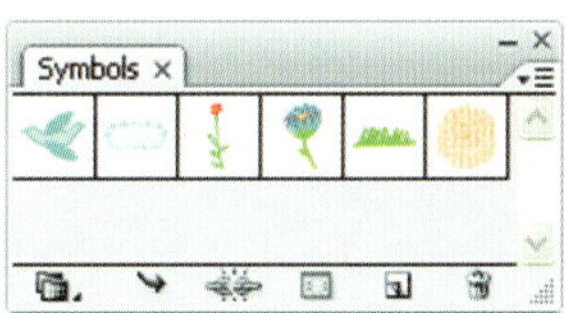

⑱ 심벌 팔레트(Symbols Palette)

심벌을 저장하거나 관리할 수 있다.

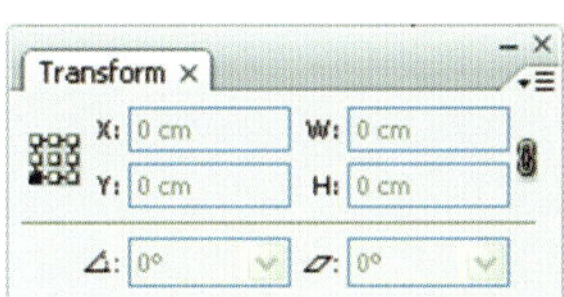

⑲ 변형 팔레트(Transform Palette)

선택한 오브젝트에 정확한 수치를 입력해 이동, 크기변형, 회전, 기울기 등을 적용할 수 있다.

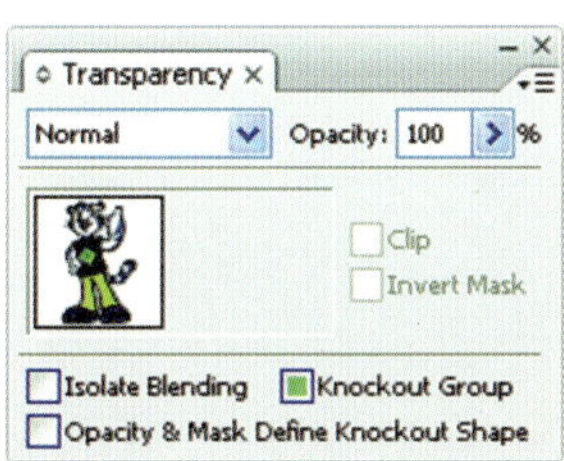

⑳ 투명 팔레트(Transparency Palette)

오브젝트가 서로 겹쳐질 때 겹쳐진 부분에 투명도나 마스크 기능을 적용할 수 있다.

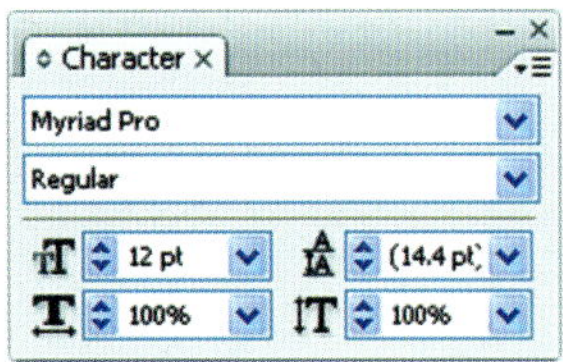

㉑ 문자 팔레트(Character Palette)

서체의 종류, 크기, 자간, 문자 폭, 행간 등의 문자에 관한 여러 가지 속성을 조절한다.

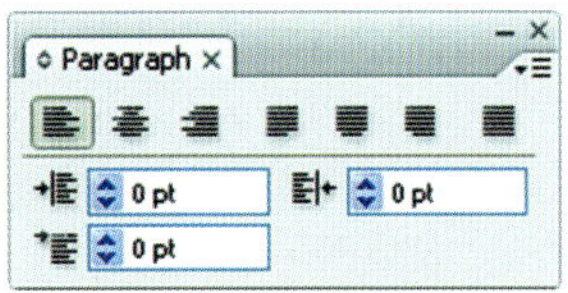

㉒ 패러그래프 팔레트(Paragraph Palette)

문자의 단락 속성 지정 및 문자의 정렬, 들여쓰기 등을 조절한다.

새 도큐먼트 만들기

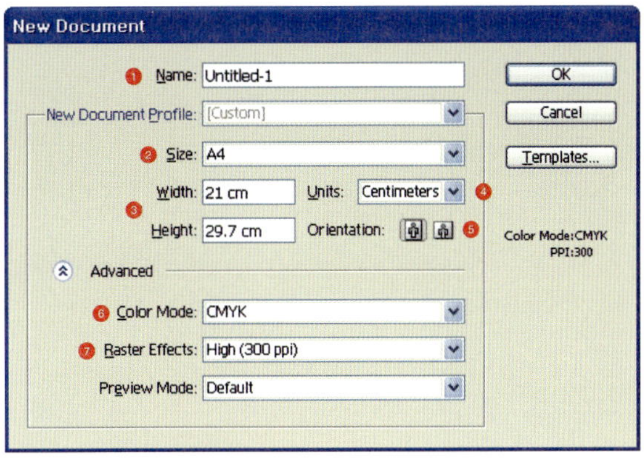

❶ Name : 도큐먼트의 파일명을 입력한다.

❷ Size : 작업할 아트보드의 크기를 설정한다.

❸ Width & Height : 가로 및 세로수치를 입력하여 아트보드의 크기를 설정한다.

❹ Units : 표준단위를 설정한다.

❺ Orientation : 아트보드의 가로방향 또는 세로방향을 설정한다.

❻ Color Mode : 색상모드를 설정 (인쇄용일 경우 CMYK, 화면용일 경우 RGB 선택)한다.

❼ Raster Effects : 해상도를 설정한다.

작업파일 저장하기

- 새로운 파일의 경우 : [File]메뉴의 [Save] 또는 [Save as]메뉴 선택 시 Save As 창이 표시된다.
- 기존 파일의 경우 : [File]메뉴의 [Save]메뉴 선택 시 바로 저장되고, [Save as]메뉴 선택 시 Save As 창이 표시되어 다른 이름으로 저장할 수 있다.

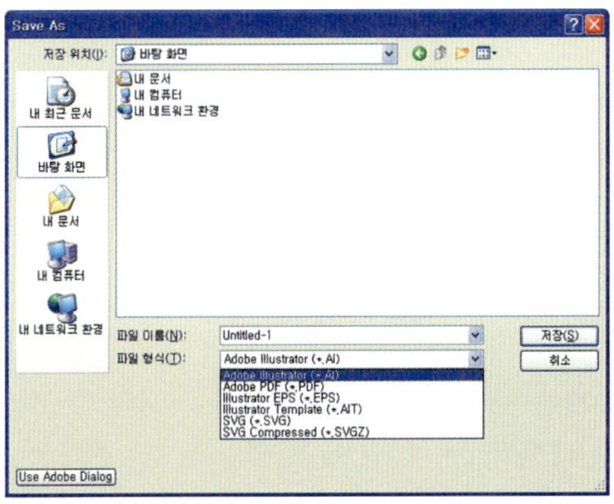

AI(일러스트레이터 전용 파일 형식)

AI로 저장한 파일은 일러스트레이터에서 작업한 패스나 컬러, 텍스트 등의 그래픽 데이터를 그대로 저장한다.

EPS(인쇄 전용 파일 형식)

AI파일과 큰 차이는 없으나 인쇄를 하기 적합한 상태로 만들어진 형식으로 인쇄 시에는 최적의 파일이다.

Illustrator / EPS Options

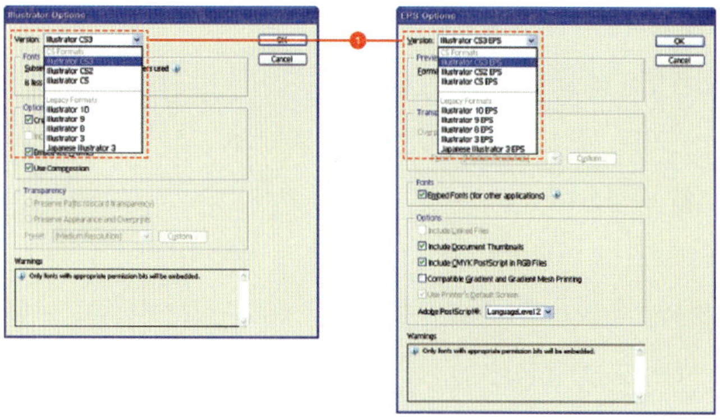

❶ Version : 최신 버전(상위 버전)은 이전 버전(하위 버전)의 데이터를 모두 불러들일 수 있지만 하위 버전 프로그램은 상위 버전에서 만들어 저장한 데이터를 불러오지 못할 수 있기 때문에 이동할 컴퓨터에 설치된 프로그램 버전을 확인하고, 필요한 경우 버전을 낮춰 저장하는 것이 좋다.

Tip 다양한 저장하기 메뉴들

- [Save As]메뉴 : 기존의 원본 파일을 새로운 이름으로 다시 저장할 때 사용하며, 기존의 원본 파일은 그대로 있는 상태에서 현재 작업 중인 파일만 새로 저장한 파일로 대치된다.
- [Save a Copy]메뉴 : 기본의 파일에 복사본을 만들어 저장할 때 사용하며, 파일명에 자동으로 copy가 붙고 현재 작업 중인 파일에는 변함이 없다.
- [Save for Web]메뉴 : 웹 전용 이미지로 저장하는 파일 포맷을 지원하며, 저장하는 이미지를 최적화시켜서 HTML용 파일로 저장한다.

작업화면 확대, 축소하기

일러스트레이터 화면의 최대 확대비율은 6400%로 아무리 확대해도 이미지가 깨지지 않으므로 정밀한 작업을 할 경우에는 작업 화면을 확대한 후 작업하는 것이 좋다.

돋보기 툴(Zoom Tool) 을 이용한 확대, 축소

화면을 확대하기 위해 사용하는 툴로 Alt 키를 누르고 있으면 축소모드로 전환된다.

- 확대 돋보기 툴 : Ctrl + Space Bar 키
- 축소 돋보기 툴 : Ctrl + Alt + Space Bar 키

보기(View)메뉴를 이용한 확대, 축소

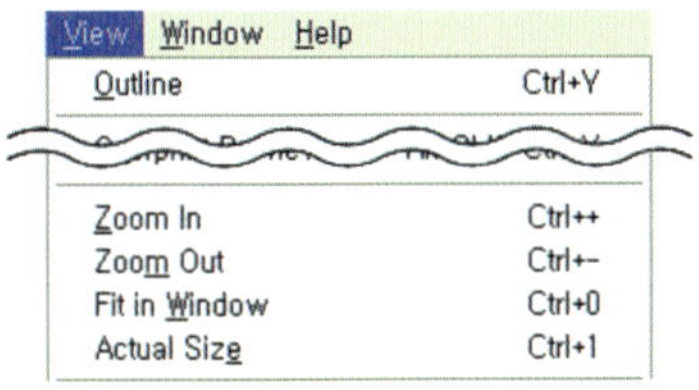

- 확대하기(Zoom in) : Ctrl + + 키
- 축소하기(Zoom out) : Ctrl + - 키
- 화면에 맞추기(Fit in Window) : Ctrl + 0 키
  (툴 박스의 손 툴 을 더블클릭해도 된다.)
- 실사이즈로 보기(Actual Size) : Ctrl + 1 키
  (툴 박스의 돋보기 툴 을 더블클릭해도 된다.)

내비게이터 팔레트(Navigator Palette)를 이용한 확대, 축소

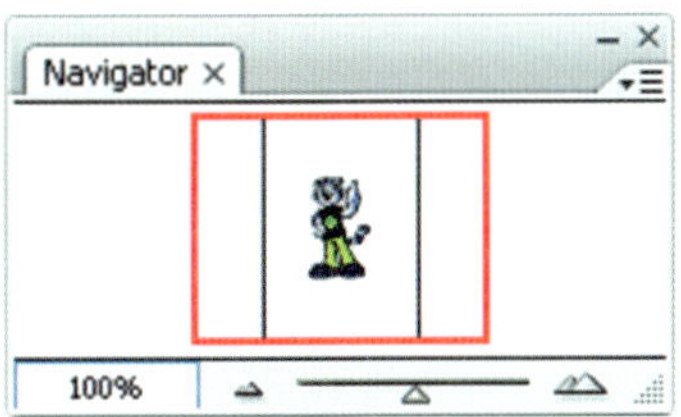

내비게이터 팔레트를 이용하면 화면의 확대 및 축소는 물론 화면의 이동도 가능하며, [Window]→[Navigator]메뉴를 체크하면 화면에 내비게이터 팔레트가 표시된다.

작업화면 이동하기

손 툴(Hand Tool) 을 클릭한 후 화면을 드래그하면 드래그 하는 방향으로 화면이 이동된다. 다른 툴이 선택된 상태에서는 Space Bar 키를 누르면 일시적으로 손 툴 의 사용이 가능하다.

툴 박스에서 숨겨진 툴 보기 및 꺼내기

툴 박스에서 삼각형 모양◢이 하단에 있는 아이콘의 경우 현재 보이는 툴 이외에도 가려진 툴들을 가지고 있다는 것을 의미한다.

아이콘을 클릭하고 있으면 가려진 아이콘들이 나타나며, 이때 가장 우측을 클릭하게 되면 별도의 툴 박스로 분리된다. 분리된 툴 박스의 닫기 버튼을 누르면 분리된 툴이 다시 합쳐진다.

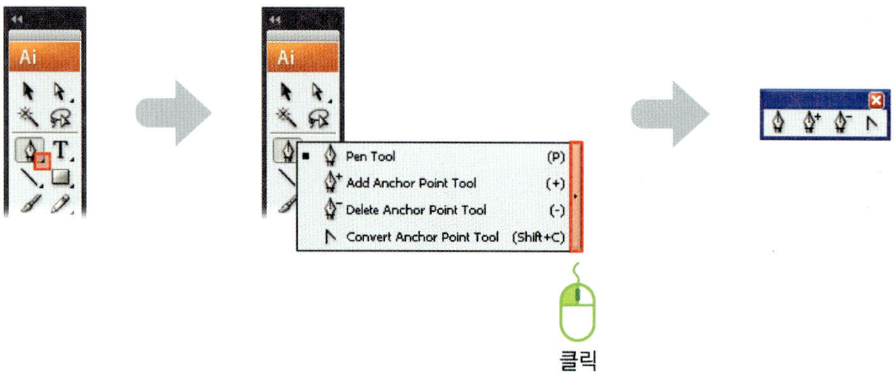

툴 박스와 팔레트 숨기기와 보이기

- Tab 키를 이용하면 작업 화면을 넓게 볼 수 있다.
- Tab 키 : 툴 박스, 컨트롤 팔레트, 팔레트 모두 사라지고 작업창만 남게 되고, Tab 키를 한 번 더 누르면 다시 나타난다.
- Tab + Shift 키 : 팔레트들만 사라지고 다시 누르면 나타난다.

화면모드(Screen Mode) 설정하기

화면모드 설정기능은 툴 박스 하단에 위치하고 있으며, F키를 누르면 순차적으로 화면모드 변경이 가능하다.

- **Standard Screen Mode(기본모드)**

  툴 박스, 팔레트, 메뉴 표시줄 모두 표시하며 이미지 창의 크기조절이 가능하다.

- **Full Screen Mode With Menu Bar**

  Standard Screen Mode에서 이미지 창을 최대로 표시한다.

- **Full Screen Mode**

  상단의 메뉴 표시줄이 사라지고 이미지 창을 화면 전체로 표시한다.

- **Maximized Screen Mode**

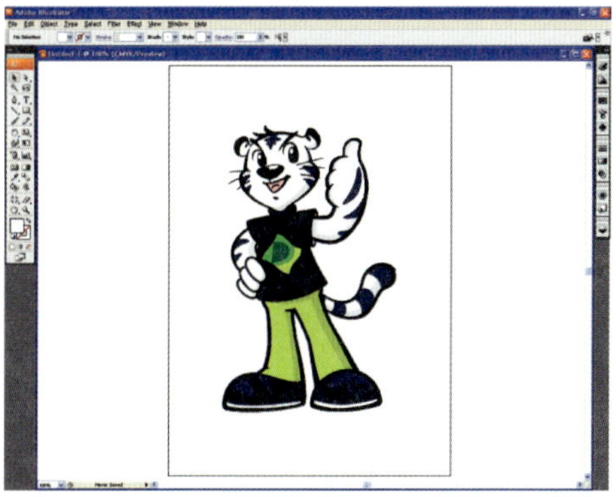

▲ Standard Screen Mode

▲ Full Screen Mode With Menu Bar

▲ Full Screen Mode

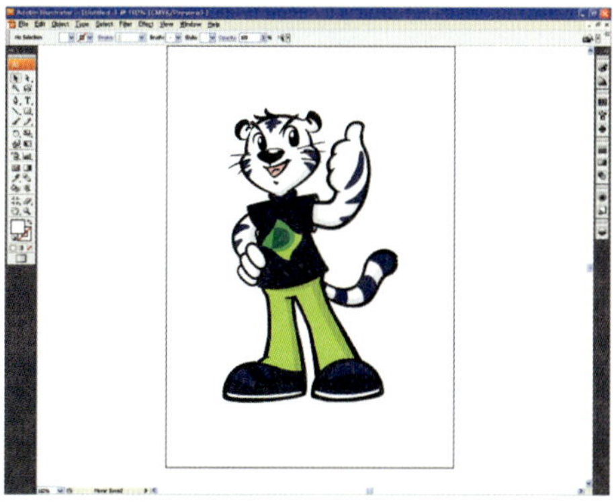

▲ Maximized Screen Mode

작업화면 조정하기

미리보기(Preview) 상태

기본적으로 선택되어져 있는 모드로 오브젝트의 면 색상과 테두리선, 블렌드, 그레이디언트 등 모든 속성을 화면에 표시한다.

아웃라인(Outline) 상태

오브젝트의 형태를 라인(패스선)만으로 표현함으로써 오브젝트의 정확한 기본 구조의 파악이 용이하다.

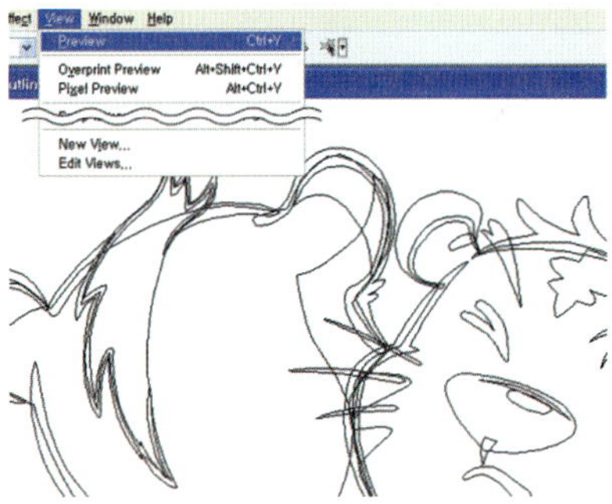

픽셀보기(Pixel Preview)

벡터 이미지를 비트맵 이미지(72dpi상태)처럼 화면에 표시함으로써 웹상에서 어떻게 보일지를 미리 확인 가능한 모드이다.

자(Rulers)와 그리드(Grid), 가이드라인(Guides Line)

- 자(Rulers) 보이기 및 숨기기 : [View]→[Show/Hide Rulers]메뉴를 체크한다.

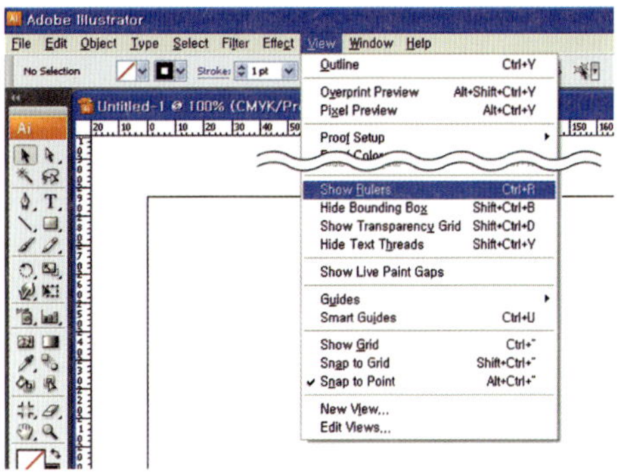

- 그리드(Grid) 보이기 및 숨기기 : [View]→[Show/Hide Grid]메뉴를 체크한다.

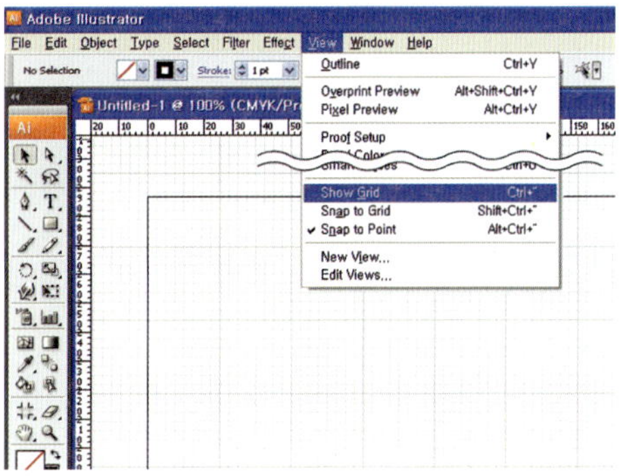

- 가이드라인(Guides Line) – 안내선 역할
  - 보이기 및 숨기기 : [View]→[Show/Hide Guides]메뉴를 체크한다.
  - 잠그기 : [View]→[Lock Guides]메뉴를 체크한다.
  - 가이드라인 이동 및 삭제하기 : [View]→[Guides]→[Lock Guides]메뉴 상태를 해제한 후 선택 툴 로 가이드라인을 선택하고 이동(Drag)하거나 삭제(delete)한다.

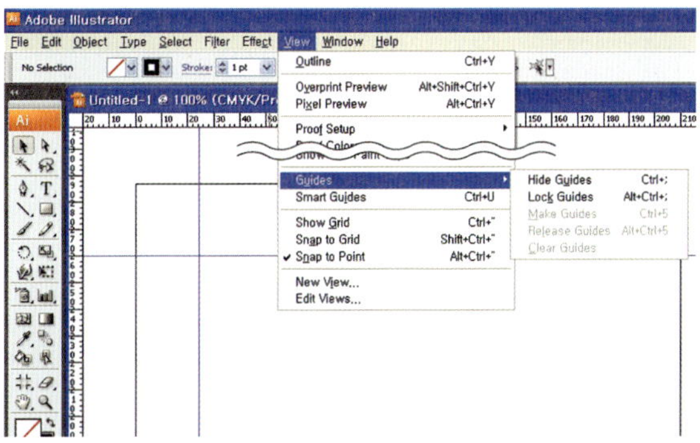

오브젝트 생성 및 색상 적용하기

01  툴 박스에서 사각형 툴(Rectangle Tool) 을 선택한다.

02 마우스로 원하는 크기가 될 때까지 드래그 한다.

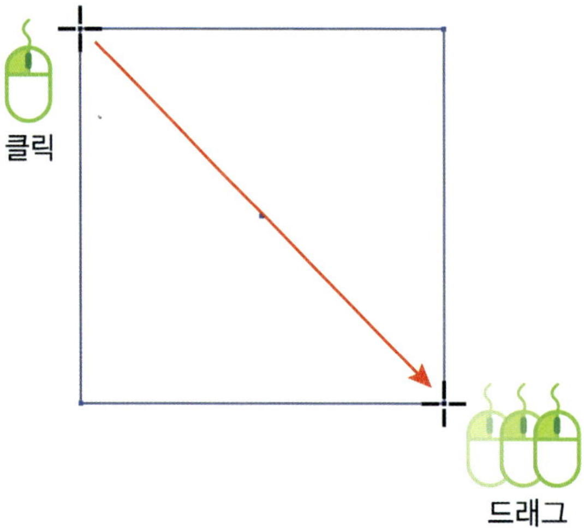

03 색상 팔레트(Color Palette)에서 C:30, M:0, Y:100, K:0의 수치를 입력한다.

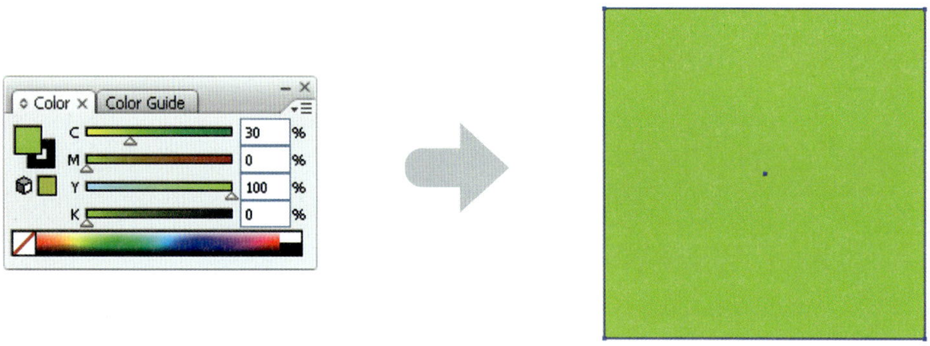

Chap.02 / 오브젝트 선택하기

선택 툴(Selection Tool) 로 선택하기

오브젝트를 선택하고 원하는 위치로 드래그해서 이동시키거나 바운딩 박스(Bounding Box)의 조절점을 이용하여 오브젝트의 변형 및 회전이 가능하다.

01  툴 박스에서 선택 툴(Selection Tool) 을 선택한다.

02 이동하기 : 오브젝트를 ❶ 클릭(선택)한 후 ❷ 오른쪽 방향으로 드래그 한다.

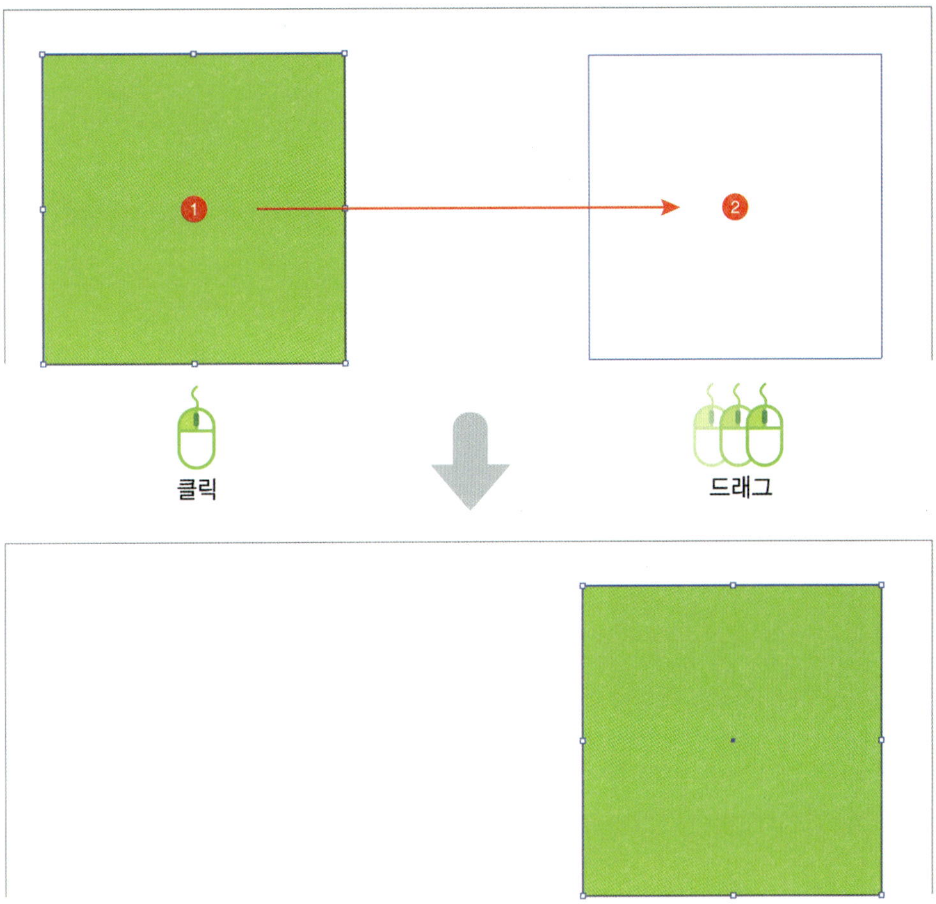

03 크기조절하기 : 오브젝트를 선택 후 바운딩 박스의 상하 또는 좌우의 조절점을 클릭(선택)한 후 드래그 한다.

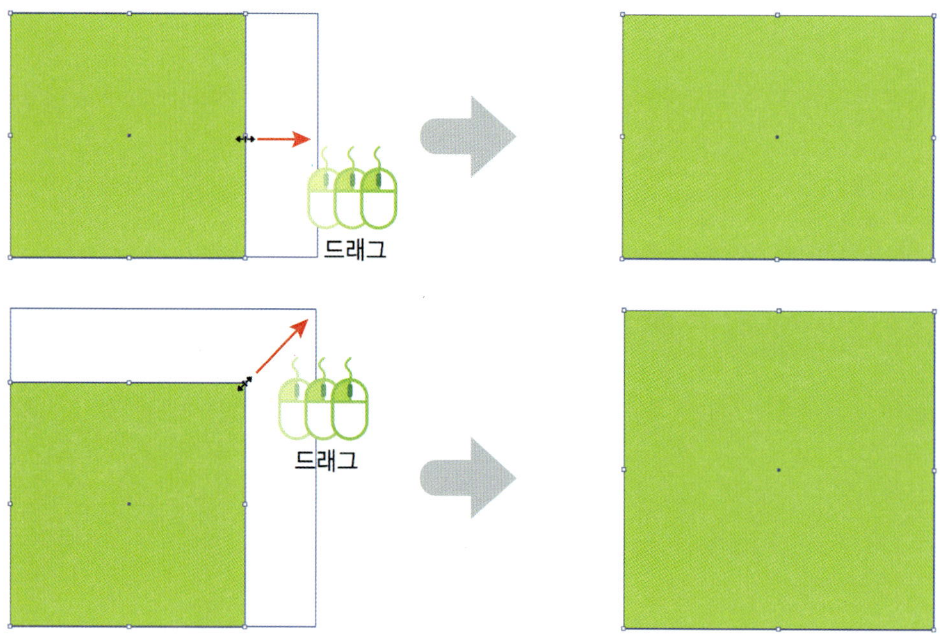

04 회전하기 : 오브젝트를 선택 후 바운딩 박스의 모서리 조절점을 선택한 후 드래그 한다.

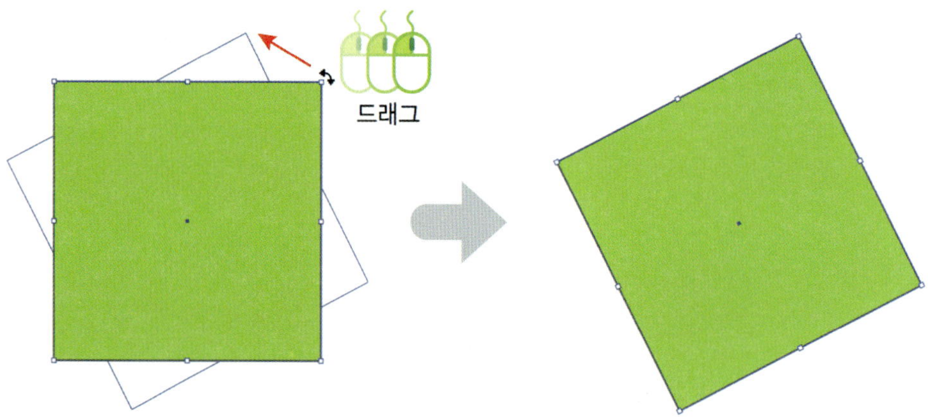

직접선택 툴(Direct Selection Tool) 로 선택하기

오브젝트의 패스와 조절점만 따로 선택하고 이동 가능하다.

01 툴 박스에서 직접선택 툴(Direct Selection Tool) 을 선택한다.

02 오브젝트의 기준점 또는 패스선을 ❶ 클릭(선택)한 후 ❷ 드래그 한다.

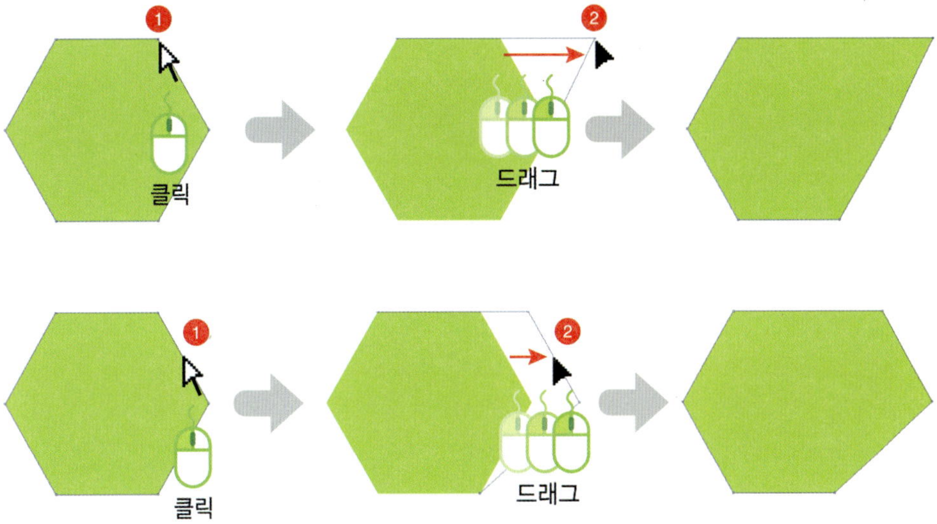

Tip Undo(취소) 기능 및 Redo(재실행) 기능

- [Undo]메뉴 : 실행했던 기능을 취소시키는 기능으로 이전의 작업 상태로 되돌리는 기능 (단축키 : Ctrl + Z 키)
- [Redo]메뉴 : [Undo]로 취소시킨 작업을 다시 실행하고자 할 때 사용하는 기능 (단축키 : Ctrl + Shift + Z 키)

Tip Alt 키와 Shift 키의 다양한 기능들

- 오브젝트 이동 시 : Alt 키를 누르면 오브젝트를 복제
- 도형 툴에서 사용할 경우 : Alt 키를 누르면 중심으로부터 도형을 생성
- 오브젝트 선택 시 : Shift 키는 오브젝트를 추가 선택하거나 개별적으로 선택 또는 해제
- 도형 툴에서 사용할 경우 : Shift 키를 누르면 정사각형(정원)을 생성
- 오브젝트 이동 및 회전 시 : Shift 키를 누르면 45° 각도로 스냅이 적용되어 정확한 수평 또는 수직이동 및 회전이 가능

Tip 선택 [Select]→[Same]메뉴를 이용한 선택하기

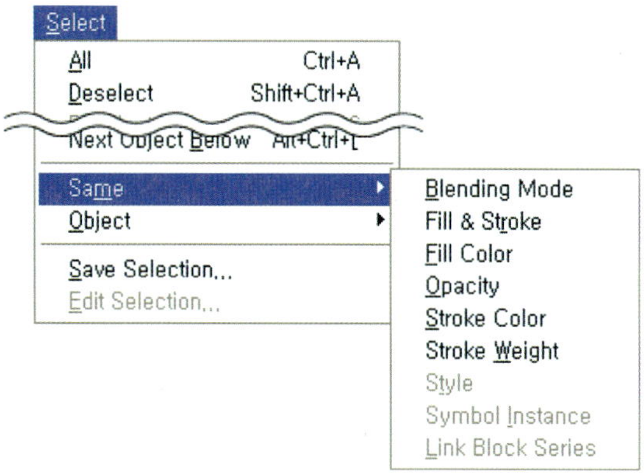

- Blending Mode : 선택된 오브젝트와 블렌드 모드가 같은 오브젝트들을 선택
- Fill & Stroke : 선택된 오브젝트와 면 색상, 외곽선 색상, 외곽선 굵기가 같은 오브젝트들을 선택
- Fill Color : 선택된 오브젝트와 면 색상이 동일한 오브젝트들을 선택
- Opacity : 선택된 오브젝트와 투명도가 같은 오브젝트들을 선택
- Stroke Color : 선택된 오브젝트와 외곽선 색상이 같은 오브젝트들을 선택
- Stroke Weight : 선택된 오브젝트와 외곽선 두께가 같은 오브젝트들을 선택
- Style : 선택된 오브젝트와 스타일이 같은 오브젝트들을 선택
- Symbol Instance : 선택된 오브젝트와 심벌 속성이 같은 오브젝트들을 선택
- Link Block Series : 같은 블록으로 연결된 문자 박스 선택

Chap.03 / 오브젝트 생성하기

도형그리기

드래그(Drag)방식으로 그리기

툴 박스에서 생성하고자하는 도형 툴을 선택하고 도형의 모서리가 될 지점에 커서를 위치시킨 후 원하는 크기가 될 때까지 드래그 한다. 이때 Shift 키를 누른 상태에서 드래그하면 정원이나 정사각형이 된다.

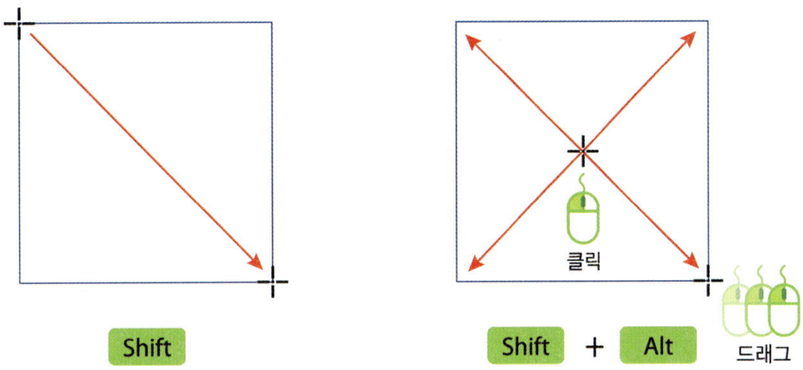

- Shift 키를 누른 상태에서 클릭&드래그하면 정사각형(정원) 도형이 생성된다.
- Alt 키를 누른 상태에서 클릭&드래그하면 클릭한 지점을 중심으로 퍼져나가면서 도형이 생성된다.
- 도형을 그리는 과정에서 Space Bar 키를 누르면 도형의 위치이동이 가능하다.

옵션 창을 이용하여 그리기

툴 박스의 도형 툴을 선택 후 도큐먼트의 빈 공간을 클릭하면 옵션 창이 나타나고 수치 값을 직접 입력하여 원하는 크기의 정확한 도형을 그릴 수 있다.

수치 값을 입력하고 Alt 키를 누른 상태에서 OK 버튼을 클릭하면 중심을 기준으로 도형이 생성된다.

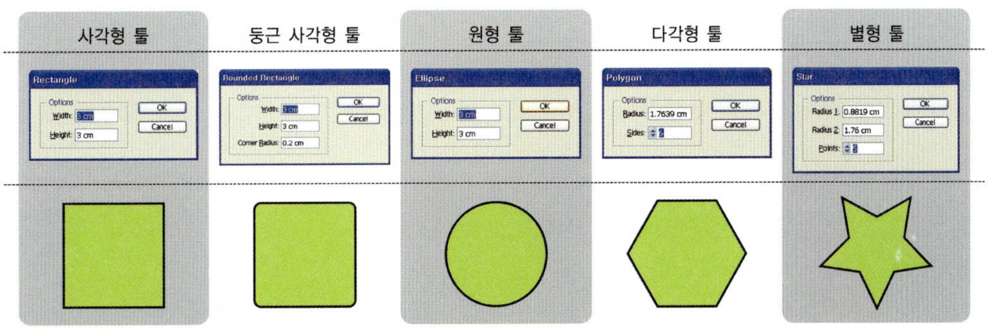

사각형 툴(Rectangle Tool)

가로길이(Width)와 세로길이(Height)를 설정한다.

둥근 사각형 툴(Round Rectangle Tool)

모서리의 반지름의 길이(=모서리의 둥근 정도, Corner Radius)를 설정한다.

다각형 툴(Polygon Tool)

다각형의 반지름 길이(Radius)와 다각형의 면의 개수(Sides)를 설정할 수 있고 각의 수가 많을수록 원의 형태가 된다. 최저 각의 값은 3(삼각형)이며, 최고 각의 값은 1000이다.

원형 툴(Ellipse)

가로지름(Width)과 세로지름(Height)을 설정한다.

별 툴(Star Tool)

중심에서부터 먼 포인트까지의 거리(Radius1)와 중심에서부터 가까운 포인트까지의 거리(Radius2) 그리고 포인트의 개수(Point)를 설정할 수 있고 Radius1과 Radius2는 내부 각의 꼭지점 위치를 설정해 주는 것으로 수치 값은 중심을 기준으로 한 거리 값이며 수치 값이 크면 도형의 중심점으로부터 멀어진다. 포인트는 별의 꼭지점의 개수를 나타낸다.

Tip

- 다각형 툴 과 별 툴 은 선택한 후 도큐먼트에 드래그 할 때 ↑키를 누르면 꼭짓점의 늘어나고, ↑키를 누르면 꼭짓점이 줄어든다.

펜 툴(Pen Tool)을 이용해 패스 그리기

직선그리기

 툴 박스에서 펜 툴(Pen Tool) 을 선택한 후 ❶ 클릭하고 오른쪽으로 이동하여 ❷ 클릭한다.

곡선그리기

 툴 박스에서 펜 툴 을 선택한 후 ❶ 클릭하고 오른쪽으로 이동하여 ❷ 클릭한 후 클릭한 상태에서 대각선방향으로 드래그하면 방향선(Direction Line)이 나타나면서 곡선이 그려진다.

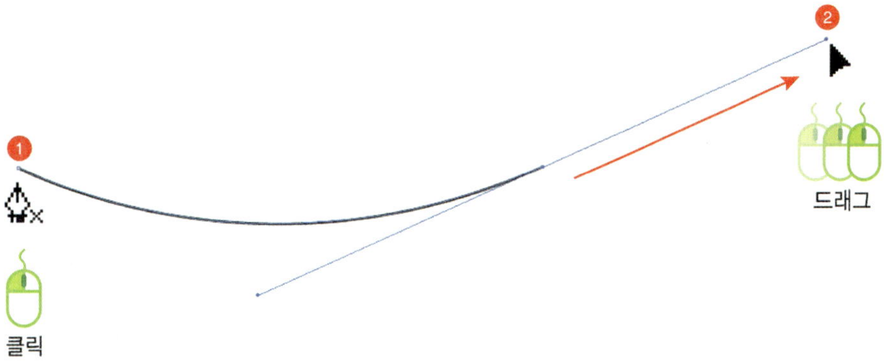

연속 곡선 그리기

❶❷ 곡선 그리기 한 후 오른쪽으로 이동해서 ❸ 클릭한다.

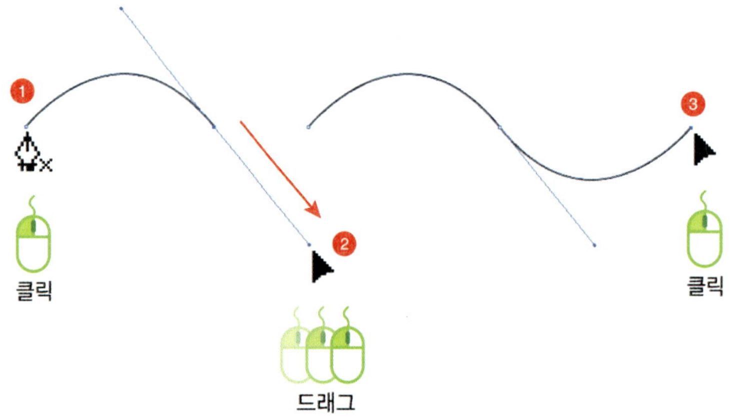

곡선에서 직선 그리기

❶❷ 곡선 그리기 한 후 ❸ 기준점을 클릭하면 양쪽으로 뻗어있던 파란색 방향선 중 한 쪽이 없어진다. ❹ 오른쪽으로 이동하여 클릭하면 직선이 그려진다.

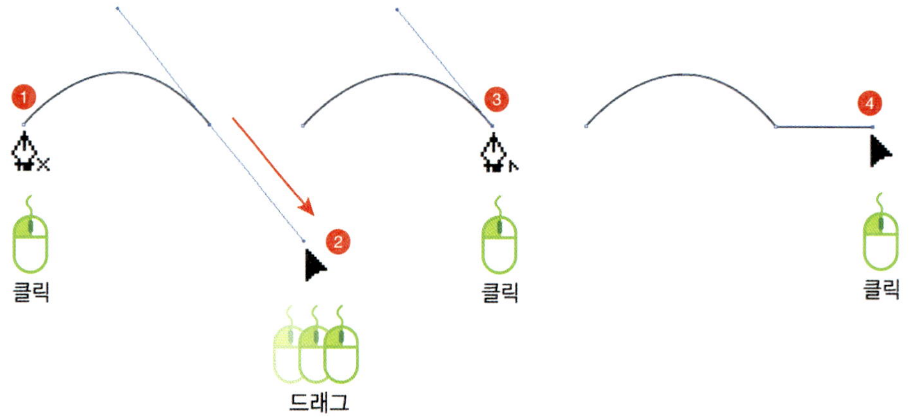

Tip 새로운 패스 시작하기

- 선택 툴 을 선택(Ctrl 키를 눌러도 가능)하고 도큐먼트의 빈 공간을 한 번 클릭한 후 다시 펜 툴 로 새로운 패스를 시작한다.

기준점 추가 및 삭제하기

01  툴 박스에서 기준점 추가 툴(Add Anchor Point Tool) 을 선택하고 패스의 기준점 추가 위치에 클릭한다.

02 패스에 추가된 기준점을 확인한다.

03 직접 선택 툴 을 선택한 후 추가된 기준점을 클릭(선택)하고 오른쪽으로 드래그 한다.

04 오브젝트가 변형된 것을 확인한다.

05  툴 박스에서 기준점 삭제 툴(Delete Anchor Point Tool) 을 선택한 후 삭제하고자 하는 기준점을 클릭한다.

06 기준점이 삭제된 것을 확인한다.

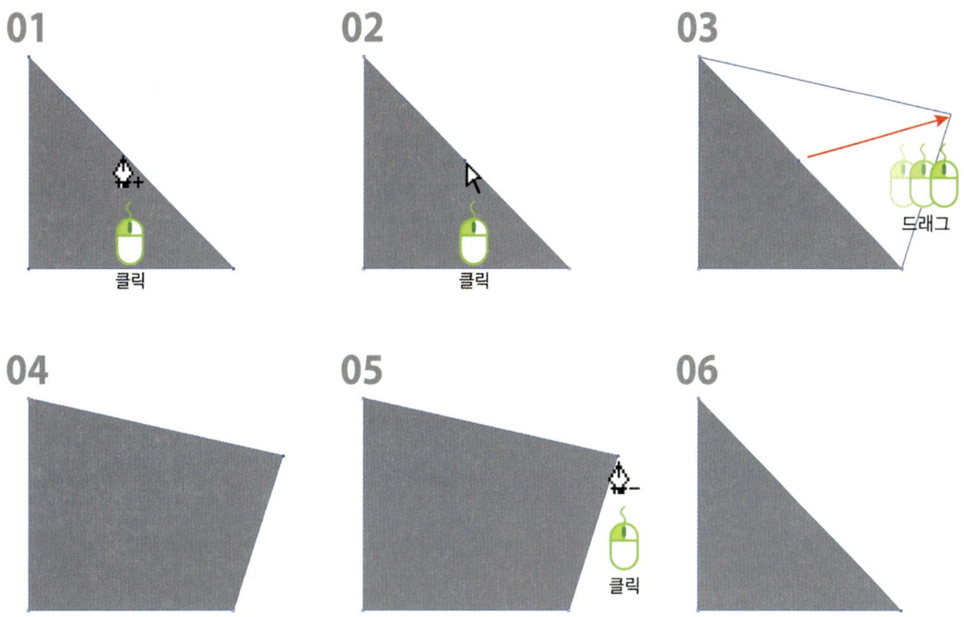

직선을 곡선으로 수정하기

툴 박스에서 방향점 전환 툴(Convert Anchor Point Tool) 을 선택한 후 수정을 원하는 ❶ 기준점에 클릭하여 ❷ 오른쪽으로 드래그 하면 양쪽으로 파란색의 방향선이 생기면서 직선이 곡선으로 바뀐다.

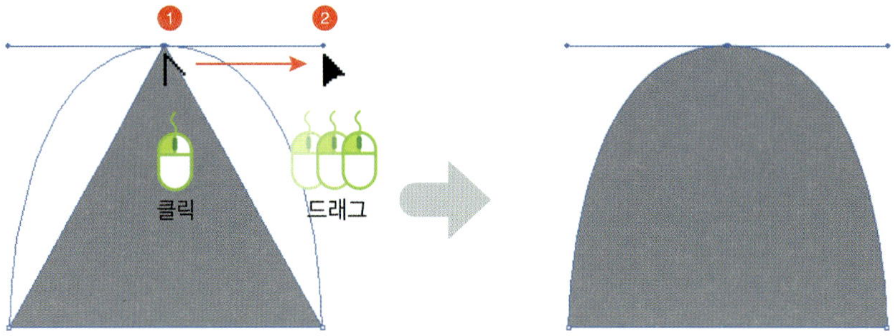

곡선을 직선으로 수정하기

툴 박스에서 방향점 전환 툴 을 선택한 후 수정을 원하는 ❶ 기준점에 클릭하면 곡선이 직선으로 바뀐다.

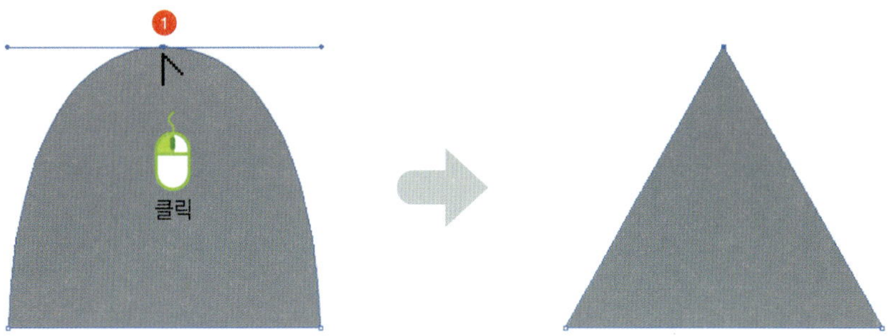

[연습하기]

실습 1

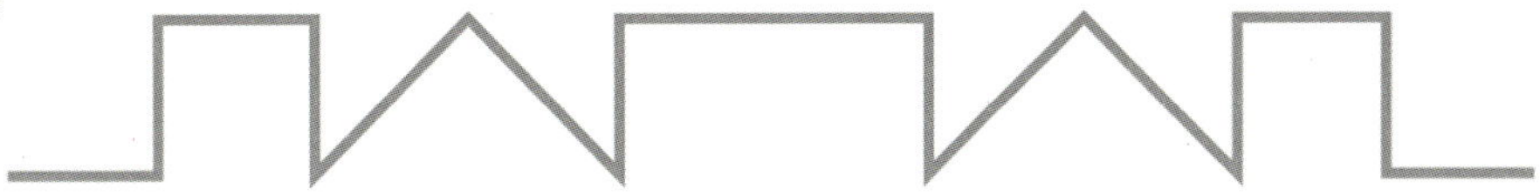

실습 2

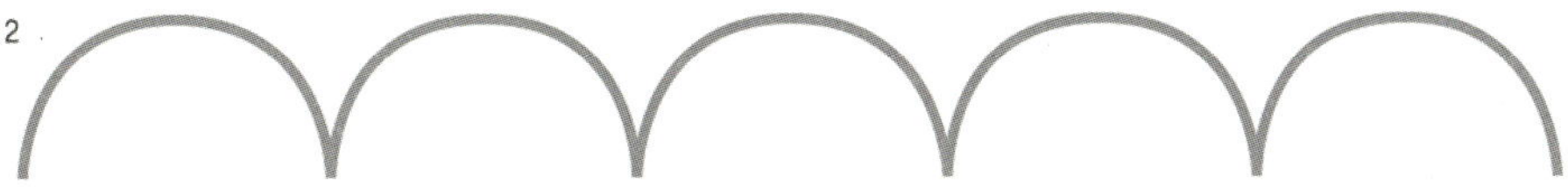

실습 3

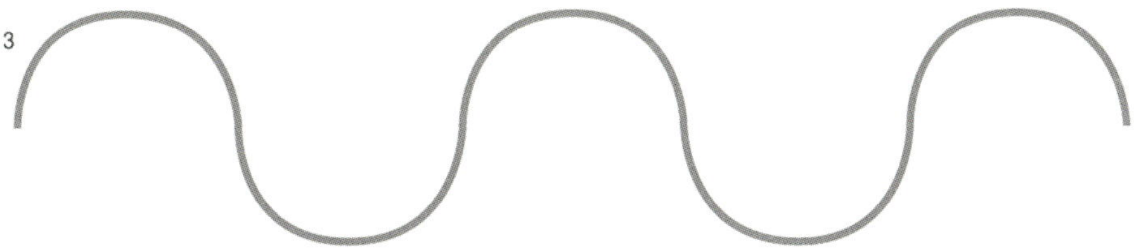

실습 4

Tip 베지어 곡선(Bezier Spline)에 대해서

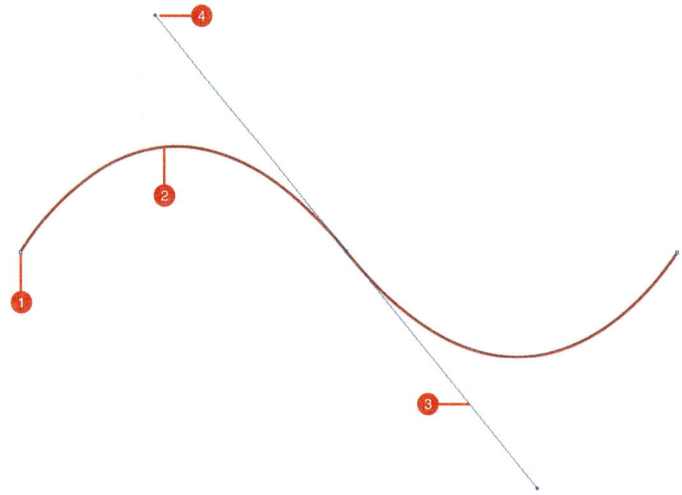

❶ 기준점(Ahchor Point) : 곡선을 이루는 기준이 되는 점

❷ 세그먼트(Segment) : 하나의 점(Point)에서 또 다른 점 사이를 연결하는 곡선

❸ 방향선(Direction Line) : 곡선의 형태를 조절할 수 있는 선

❹ 방향점(Direction Point) : 방향선의 끝점으로 방향선의 각도와 길이 조절 가능

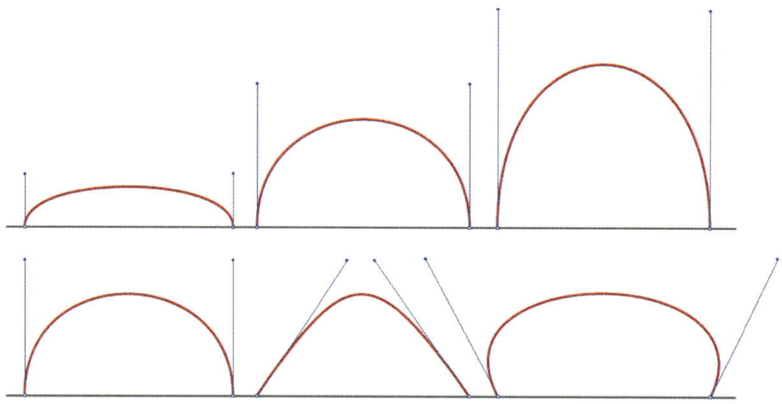

- 방향선은 기준점에 연결된 곡선의 형태를 결정짓는 기능으로 방향선의 길이와 각도가 세그먼트의 형태를 변화시켜 전체적인 모양을 만드는 중요한 역할을 한다.

스트로크 팔레트 [Stroke Palette]

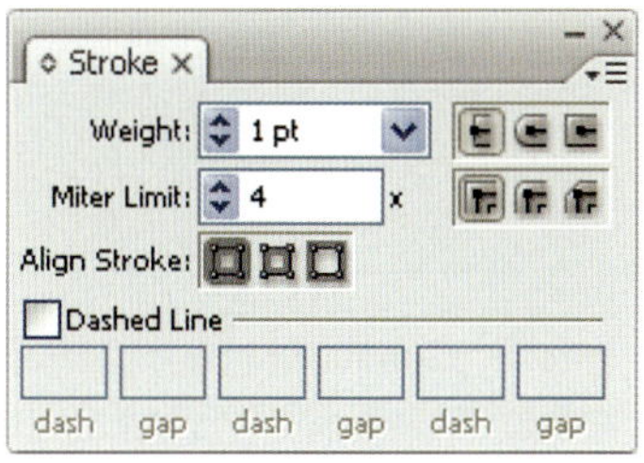

- Weight : 외곽선의 두께를 조절한다.
- Cap : 선의 끝 모양을 조절한다.
  - Butt Cap : 선의 굵기에 관계없이 끝점에서 넘치지 않게 표현한다.
  - Round Cap : 선의 끝점이 둥글게 표현한다.
  - Projecting Cap : 선의 끝점을 사각형으로 표현하며 끝점에서 넘치게 표현한다.

- Miter Limit : Join 값이 Miter Join일 때 외곽선이 꺾이는 최대 수치 값을 조절한다.
- Join : 모서리 부분의 형태를 지정한다.
  - Miter Join : 꺾인 지점이 뾰족하게 삐져나오게 표현한다.
  - Round Join : 꺾인 지점이 둥글게 표현한다.
  - Bevel Join : 꺾인 지점이 각지게 표현한다.

- Align Stroke : 선의 위치를 지정한다.

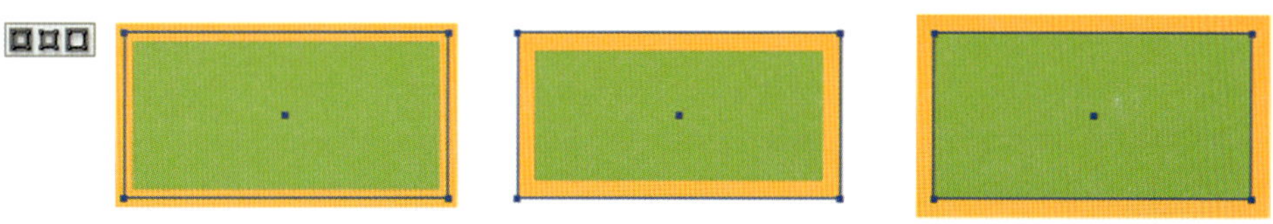

- Dashed Line : 다양한 선의 형태를 만들 수 있다.

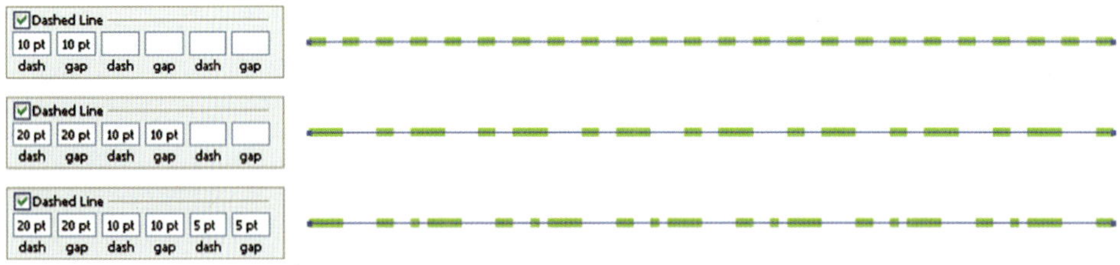

Chap.04 / 오브젝트 색상 적용하기

면과 선 색상박스

툴 박스의 하단에 위치해 있고 오브젝트의 면과 외곽선에 색을 지정할 수 있다.

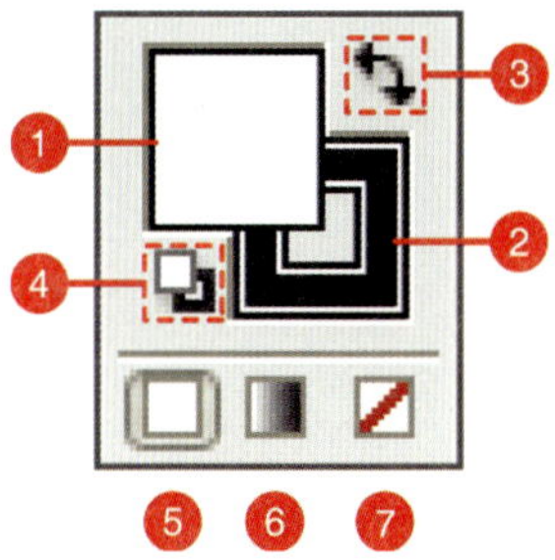

❶ 면 색상(Fill) : 오브젝트의 면에 적용된 색상을 표시한다.

❷ 선 색상(Stroke) : 오브젝트의 외곽선에 적용된 색상을 표시한다.

❸ 스왑버튼(Swap Fill and Stroke) : 오브젝트의 면 색상과 선 색상을 바꿔주는 기능으로 스왑 버튼을 클릭할 때마다 면 색상과 선 색상이 서로 바뀐다.

❹ 초기화 버튼(Default Fill and Stroke) : 면과 선 색상을 기본 값인 흰색(면 색)과 검은색(선 색)으로 초기화 한다.

❺ 단일 색상(Color) : 오브젝트의 면과 선에 단일색상을 적용한다.

❻ 그레이디언트(Gradient) : 오브젝트의 면과 선에 그레이디언트 색상을 적용한다.

❼ 색상 없음(None) : 오브젝트의 면과 선에 색상을 적용하지 않는다.

색상 팔레트[Color Palette]

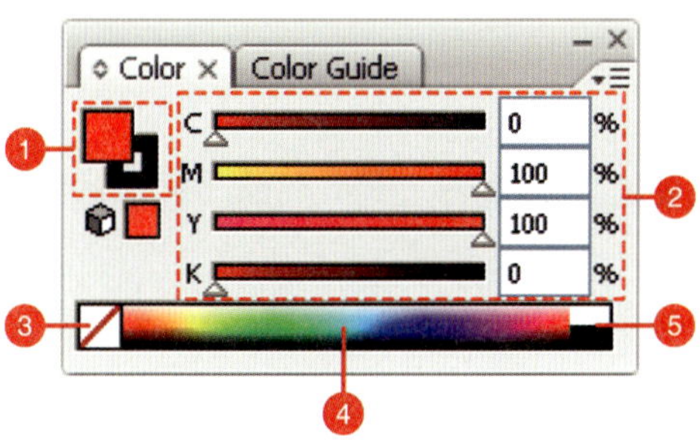

❶ 면 색상 및 선 색상 : 면(Fill)과 선(Stroke)에 적용된 색상을 표시한다.

❷ 색상 탭 : 색상 수치 값을 직접입력(정확한 색상설정 가능)하거나 삼각형 모양의 탭을 조절하여 원하는 색상을 설정한다.

❸ 색상 없음(None) : 클릭 시 오브젝트에 적용된 면 또는 선의 색상을 삭제한다.

❹ 색상 스펙트럼 : 색상 스펙트럼 위에 위치한 마우스 포인트가 스포이드 형태가 되었을 때 스포이드 커서로 원하는 색상을 클릭하여 오브젝트에 색상을 적용한다.

❺ 기본색 : 클릭 시 기본 색상인 흰색 또는 검정색을 적용한다.

그레이디언트 팔레트[Gradient Palette]

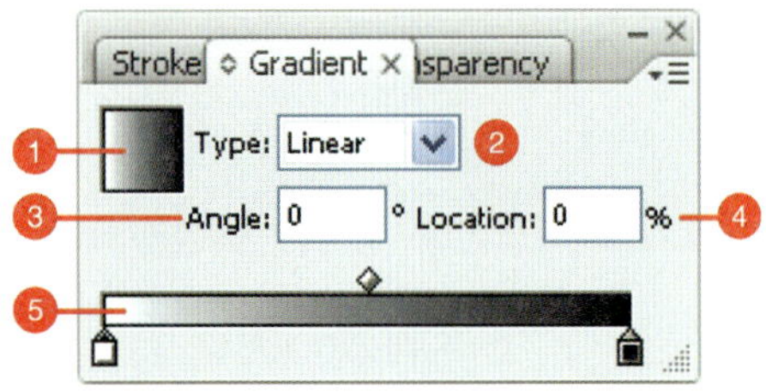

❶ 프리뷰 박스 : 그레이디언트 색상배열을 간단하게 표시한다.

❷ Type : 그레이디언트의 방향 형식을 라인 형태(Linear) 또는 형 선택(Radial) 중에 선택 가능하다.

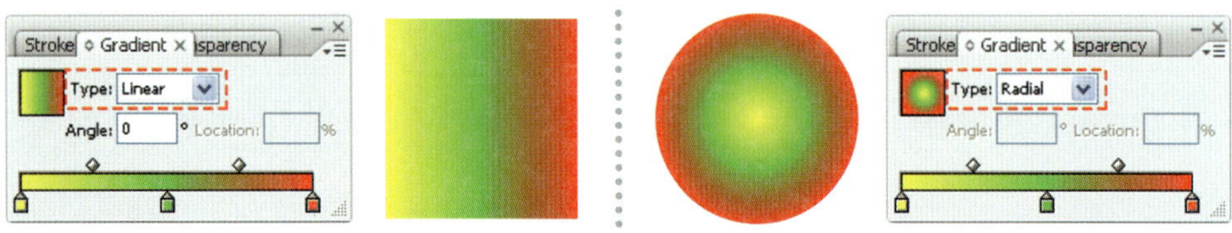

❸ Angle : 라인 형태(Linear)일 때 그레이디언트의 각도 설정. 수치 값을 직접 입력해도 되고 툴 박스의 그레이디언트 툴을 선택한 후 오브젝트에 직접 원하는 방향으로 드래그 해도 된다.

❹ Location : 오브젝트의 그레이디언트를 구성하는 색상 탭의 위치 설정. 색상 탭과 색상 탭 사이에 마름모형 핀을 클릭하면 해당 컬러의 위치가 % 값으로 표시한다.

❺ 그레이디언트 스펙트럼 : 그레이디언트의 컬러 배열 표시. 색상 탭 사이의 빈 공간을 클릭하면 새로운 색상 탭이 만들어지고, 색상 탭을 아래 방향으로 드래그하면 삭제한다.

Tip 스포이드 툴(Eyedropper Tool) 을 이용한 색상적용하기

- 먼저 색상을 바꾸고자 하는 오브젝트를 선택한 다음 원하는 색상을 클릭한다. 스포이드 툴 로 클릭한 오브젝트에 면 색상만 있다면 면 색상만, 면 색상과 선 색상이 모두 있다면 모두 적용된다.
- 그레이디언트와 그레이디언트 메시가 적용된 오브젝트의 경우 단일 색상이 아니므로 스포이드 툴 로 색상을 추출할 수 없다. 이런 경우에는 Shift 키를 누른 상태로 클릭하면 그레이디언트 단계의 색상을 추출할 수 있다.

Color Picker 옵션 창

툴 박스 하단의 면 색상박스나 선 색상박스를 더블클릭하면 [Color Picker] 옵션 창이 표시된다.

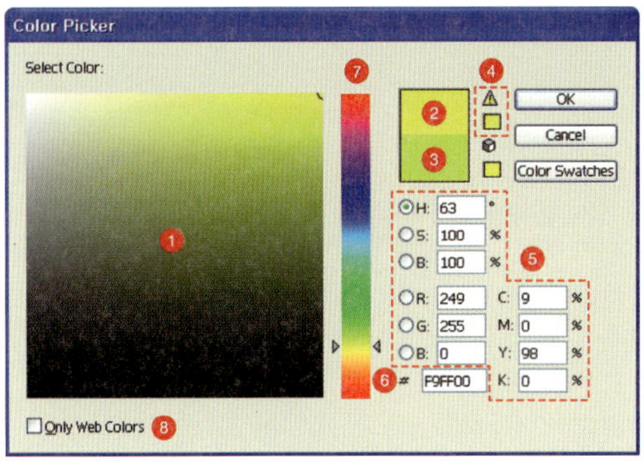

1. Select Color : 마우스로 직접 클릭해서 원하는 색상을 선택한다.
2. 색상 선택 창에서 클릭하여 선택한 색상을 표시한다.
3. 기존에 선택된 색상을 표시한다.
4. 느낌표 아이콘 : 현재 선택된 색상이 웹상에서 표현될 수 없는 색상일 경우 표현 가능한 색상으로 대체하여 표시한다.
5. 선택한 색상 값을 HSB, RGB, CMYK 색상 값으로 표현하며, 원하는 색상의 수치 값을 직접 입력할 수 있다.
6. 선택한 색상의 웹상에서 지정되는 색상 값을 표시한다.
7. 색상 스펙트럼 : 색상 탭을 이용하여 조정한다.
8. Only Web Colors : 옵션 체크 시 색상 선택창이 웹 안전 색상 창으로 변경한다.

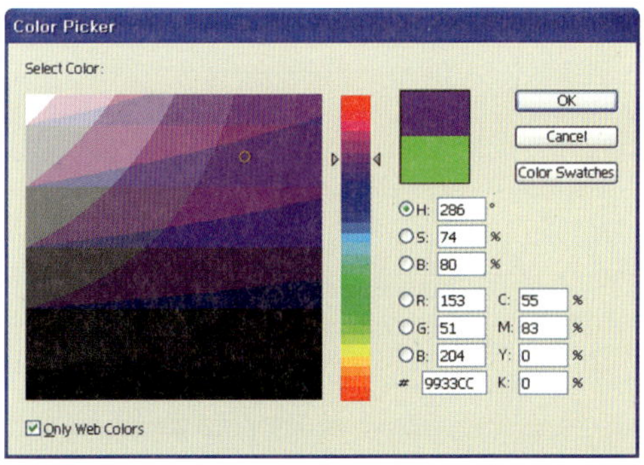

Chap.05 / 오브젝트 변형하기

회전 툴(Rotate Tool)

선택된 오브젝트를 회전시킬 수 있는 기능이다.

회전시키고자 하는 오브젝트를 선택한 뒤  툴 박스에서 회전 툴(Rotate Tool) 을 선택하고 오브젝트의 외곽에서 ❶ 드래그해서 원하는 방향으로 회전 시킨다.

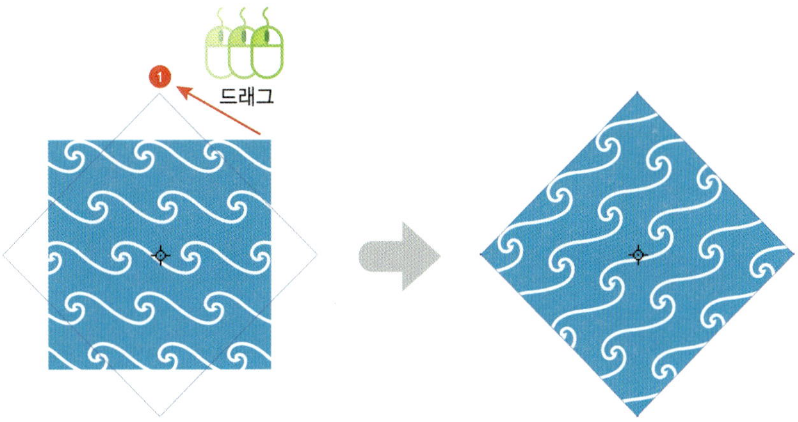

오브젝트를 선택한 후 툴 박스의 회전 툴을 더블클릭하거나 Alt 키를 누른 채 도큐먼트를 클릭하면 옵션 창이 나타나며, Shift 키를 누른 상태에서 드래그하면 45˚ 간격으로 회전한다.

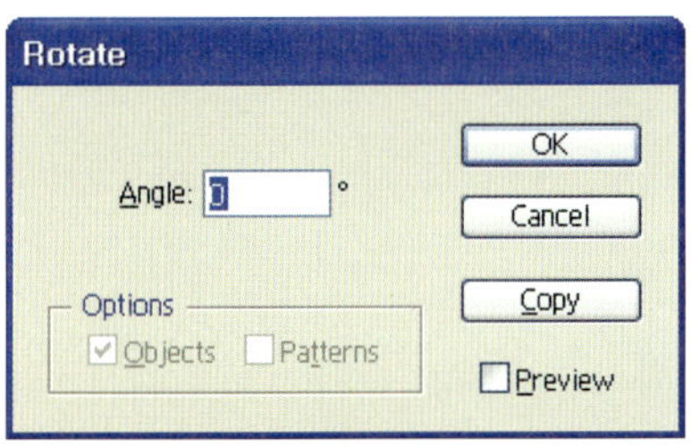

- Angle : 회전시킬 각도를 입력한다.
  (+˚ : 반시계방향 / –˚ : 시계방향)
- Options : 오브젝트에 패턴이 있을 때만 활성화된다. Objects를 체크하면 오브젝트가 회전되며, Patterns를 체크하면 패턴 이미지가 회전된다.
- Copy 버튼을 누르면 오브젝트를 복사하여 회전된다.

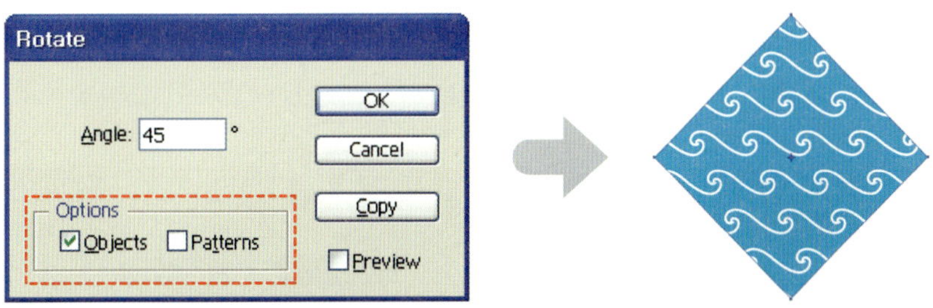

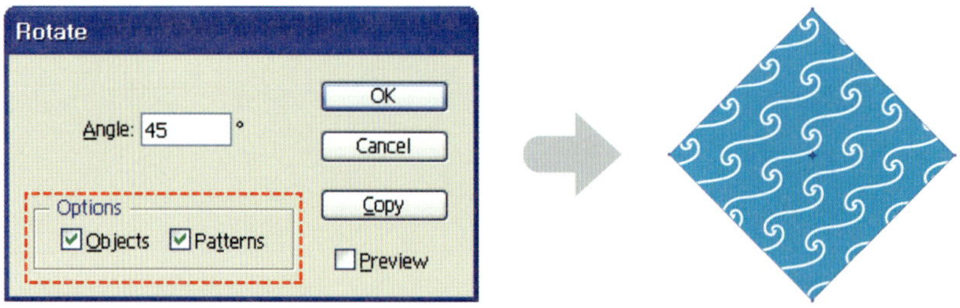

Tip 중심축 이동하기

- 회전 툴이 선택된 상태에서 해당 오브젝트를 선택하고, Alt 키를 누른 채 중심축(-⊕-)이 될 지점을 클릭하여 중심축을 옮긴 후 클릭&드래그를 통해 원하는 방향으로 회전한다.

반사 툴(Reflect Tool)

선택된 오브젝트를 클릭&드래그를 통해 원하는 방향으로 드래그를 하면 오브젝트가 거울에 반사된 듯 반전된다.

반사시키고자 하는 오브젝트를 선택한 뒤  툴 박스에서 반사 툴(Reflect Tool) 을 선택하고 ❶ 원하는 지점에 클릭해서 오브젝트의 중심축(-⊕-)을 옮긴 후 ❷ 드래그를 해서 반사시킨다.

오브젝트를 선택한 후 툴 박스의 반사 툴을 더블클릭 하거나 Alt 키를 누른 채 도큐먼트를 클릭하면 옵션 창이 나타난다.

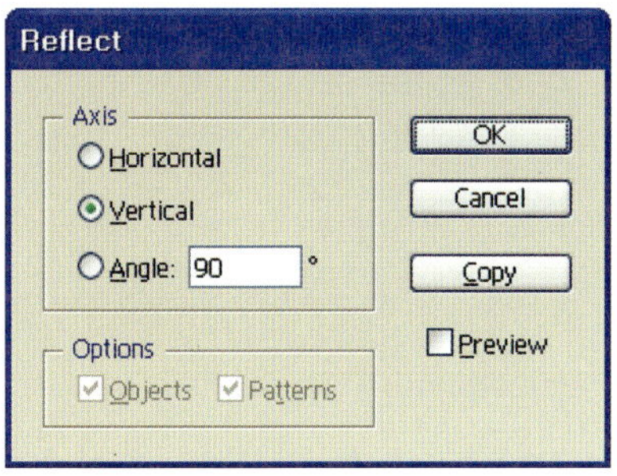

- Horizontal : 수평축을 기준으로 반사 혹은 복제한다.
- Vertical : 수직축을 기준으로 반사 혹은 복제한다.
- Angle : 입력되어진 각도만큼 반사 혹은 복제한다.
- Options : 이 항목은 패턴적용 후에만 활성화되며, Objects에 체크가 되어 있으면 오브젝트 자체를 반사 혹은 복제하며, Patterns에 체크되어 있으면, 패턴만을 반사 혹은 복제한다.

크기 조절 툴(Scale Tool)

선택된 오브젝트의 크기를 클릭&드래그를 통하여 확대하거나 축소하는 기능이다.

크기를 조절하고자 하는 오브젝트를 선택한 뒤  툴 박스에서 크기 조절 툴(Scale Tool) 을 선택하고 ❶ 원하는 크기가 될 때까지 드래그를 해서 확대하거나 축소한다.

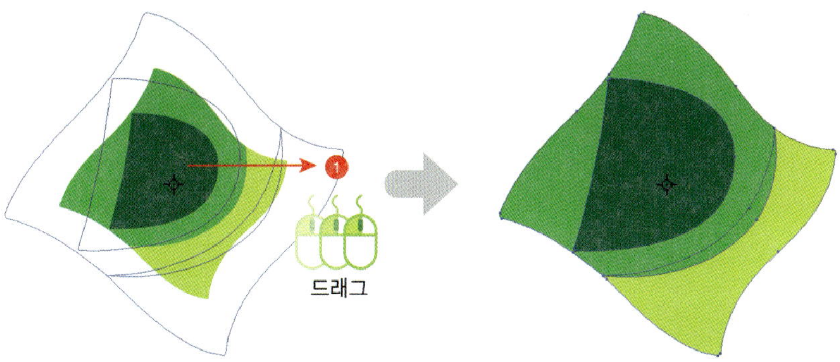

오브젝트를 선택한 후 툴 박스의 크기조절 툴을 더블클릭 하거나 Alt 키를 누른 채 도큐먼트를 클릭하면 옵션 창이 나타난다.

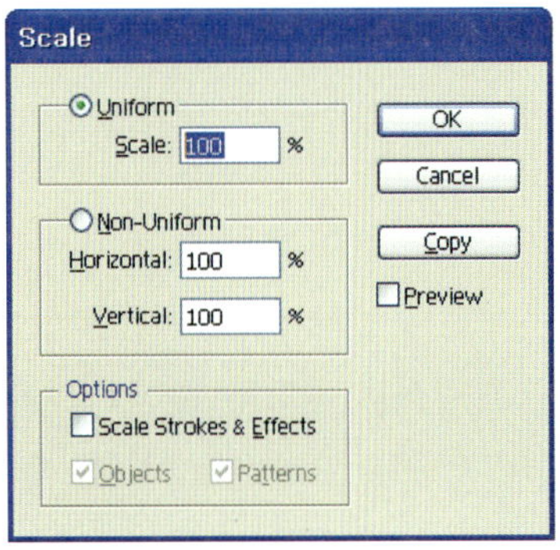

- Non-Uniform : Horizontal(가로)값과 Vertical(세로)값을 따로 지정하여 그 크기를 조절한다.
- Scale Strokes & Effects : 확대와 축소를 함에 있어 외곽선도 그 확대 축소의 비율대로 조절한다.
- Objects/ Patterns : 이 항목은 패턴적용을 했을 때만 활성화되며, 패턴이 적용된 오브젝트의 크기를 조절하고 싶을 때는 Objects에 체크를, 적용된 패턴의 크기를 조절하고 싶을 때는 Patterns에 체크한다.

Tip Shift 키와 Alt 키의 사용

- Shift 키를 함께 사용하면 가로 세로의 크기를 똑같은 비율대로 함께 조절할 수 있고, Alt 키를 함께 사용하면 오브젝트의 중심을 기준으로 확대하거나 축소할 수 있다.

기울기 툴(Shear Tool)

선택된 오브젝트를 기울이는 기능이다.

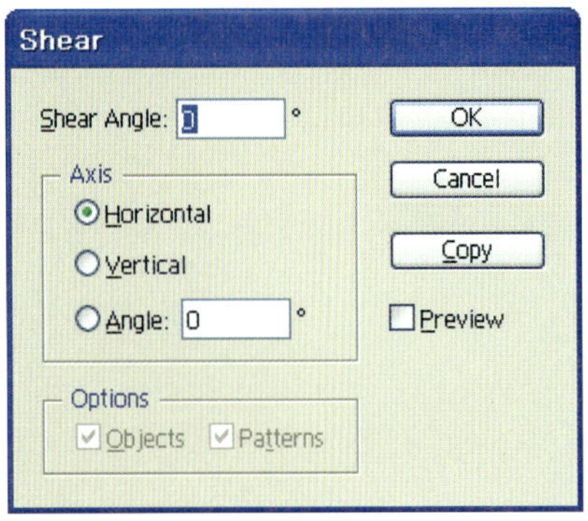

기울이고자 하는 오브젝트를 선택한 뒤 툴 박스에서 기울기 툴(Shear Tool)을 선택하고 1 원하는 기울기가 될 때까지 드래그를 한다.

오브젝트를 선택한 후 툴 박스의 기울기 툴 을 더블클릭 하거나 Alt 키를 누른 채 도큐먼트를 클릭하면 나타나는 옵션 창에서 각도를 직접 입력하여 기울기 축을 지정할 수 있다.

왜곡 툴(Warp Tool)

7개의 왜곡 툴을 제공하며 드래그 또는 클릭을 통해 오브젝트를 왜곡하는 기능이다.

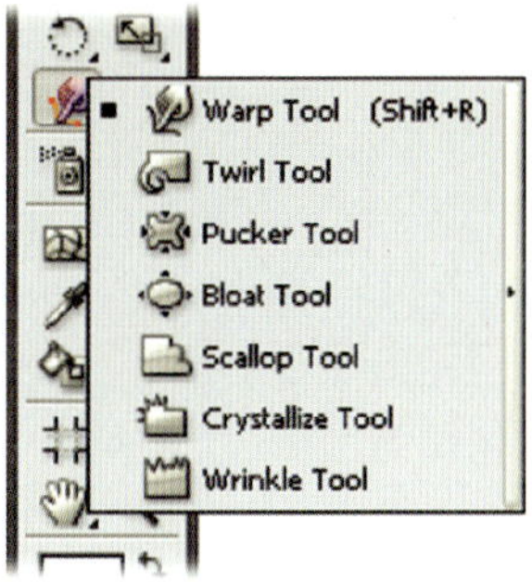

Chap.06 / 오브젝트 관리하기

정렬 팔레트[Align Palette]로 오브젝트 정렬하기

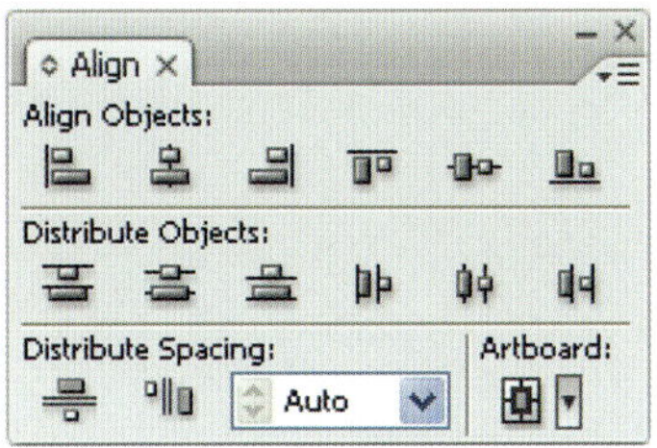

Align Objects

선택된 오브젝트 전체를 왼쪽, 세로 가운데, 오른쪽, 윗줄, 가로 가운데, 아랫줄 등 한쪽을 기준으로 정렬한다.

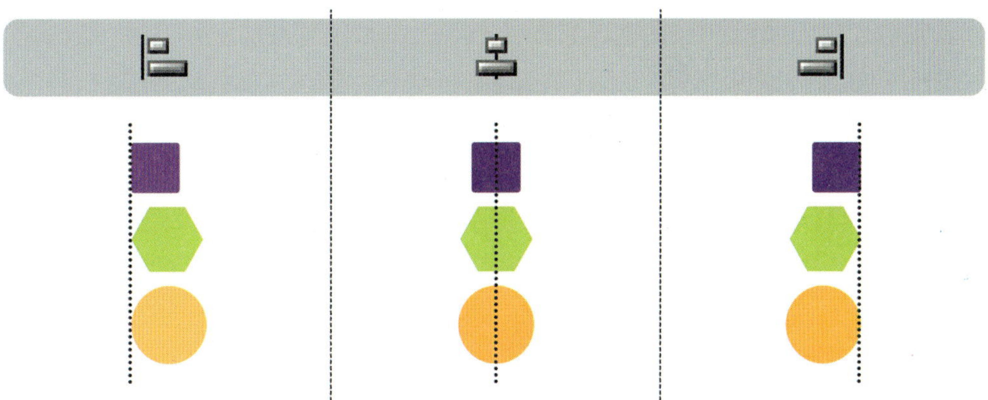

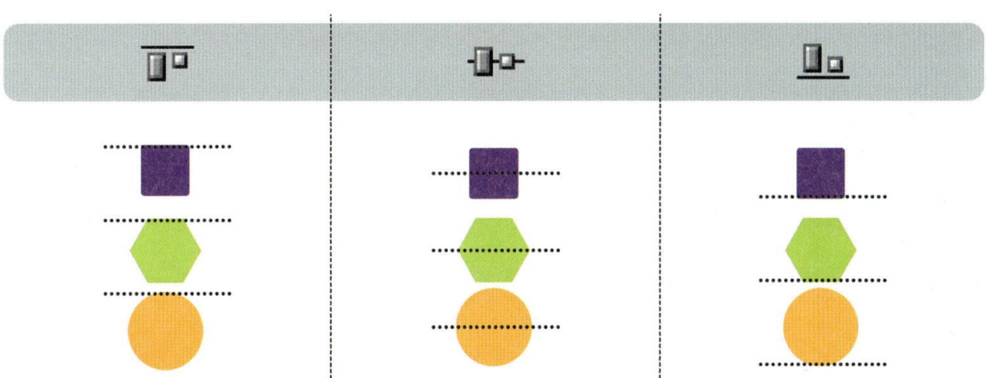

Distribute Objects

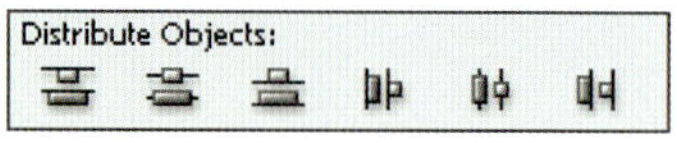

선택한 오브젝트들의 간격을 세로와 가로의 양 쪽 끝 또는 가운데를 기준으로 균등하게 정렬한다.

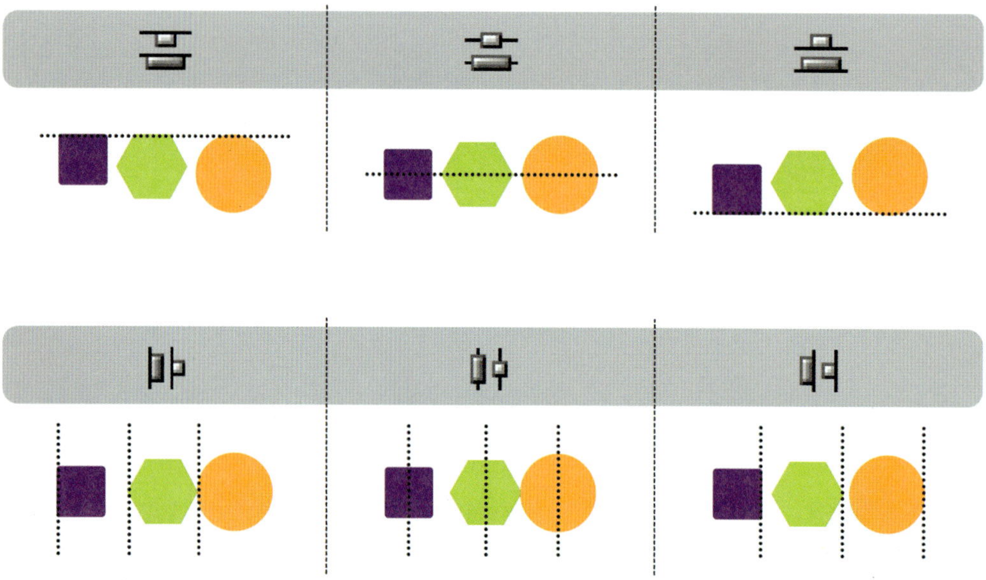

Distribute Spacing

오브젝트끼리의 세로 또는 가로 간격을 똑같이 정렬할 수 있으며, 원하는 수치를 입력하여 정렬하는 것도 가능하다.

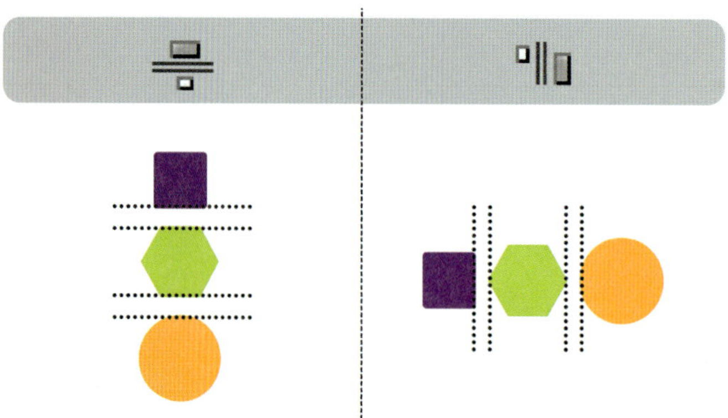

[응용하기]

Distribute Spacing을 이용하여 원하는 오브젝트를 기준으로 여러 오브젝트들을 빈틈없이 붙이기

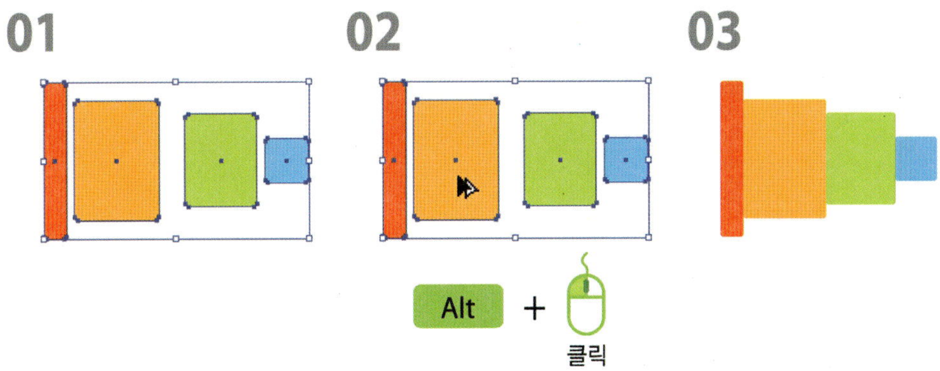

01 붙이고자 하는 오브젝트들을 선택 툴 로 드래그해서 선택한다.

02 기준으로 삼고자 하는 오브젝트를 Alt 키를 누른 채로 클릭하고 Distribute Spacing 0 cm 에 0을 입력한 후 가로 간격 버튼 클릭한다.

03 선택한 오브젝트를 기준으로 빈 틈 없이 정렬한다.

Artboard Artboard:

클릭 해제 시 - 오브젝트 위치를 기준으로 정렬한다.

클릭 시 - 아트보드(도큐먼트 크기)도 정렬 기준에 포함한다.

※ 버튼을 눌러 Crop Area를 정렬 기준에 포함 가능

패스파인더 팔레트[Pathfinder Palette]로 새로운 오브젝트 만들기

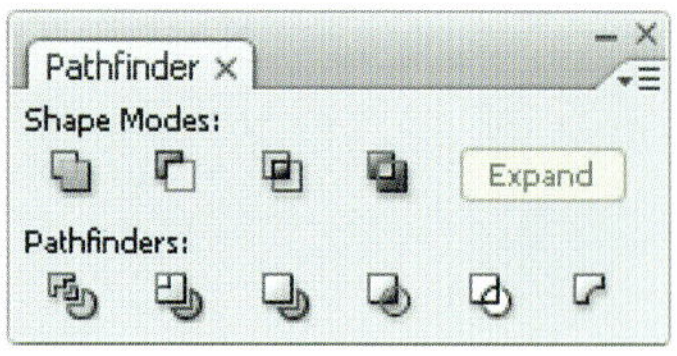

Shape Modes 

선택한 두 개 이상의 오브젝트들을 모양대로 합치거나 삭제하여 하나의 오브젝트로 만드는 기능으로 Expand 버튼을 누르면 완료되고, Expand 버튼을 누르기 전에는 직접 선택 툴 을 이용해 수정할 수 있다. Alt 키를 누른 상태로 Shape Modes 버튼을 클릭하면 Expand 버튼을 누르지 않고 한 번에 완료할 수 있다.

Shape Modes	원 본	버튼 클릭 시	Expand 클릭 시
합치기 선택한 오브젝트 전체를 하나로 합침	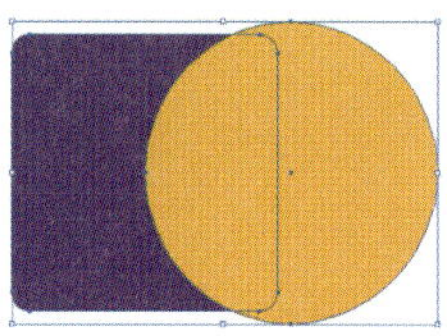	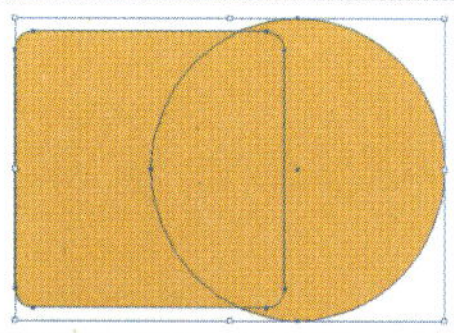	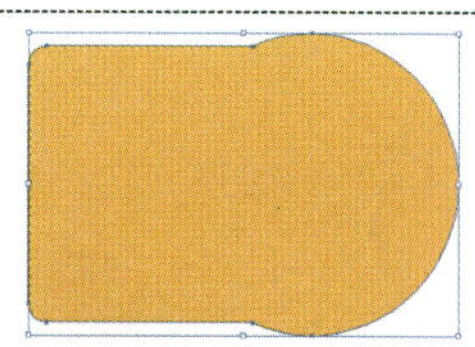
위쪽 지우기 선택한 오브젝트 중 위쪽의 오브젝트 영역을 지움		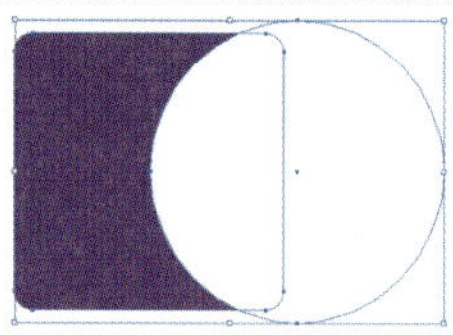	
겹친 부분 남기기 선택한 오브젝트의 겹친 부분만 남김		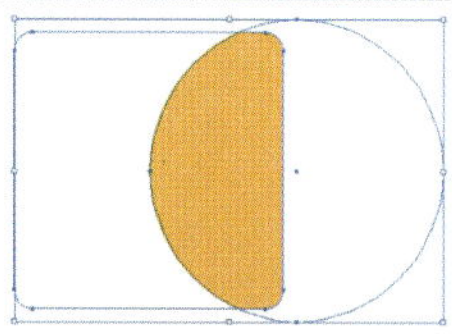	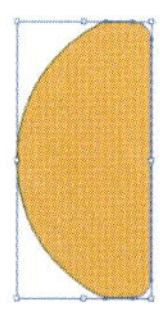
겹친 부분 지우기 선택한 오브젝트의 겹친 부분만 지움		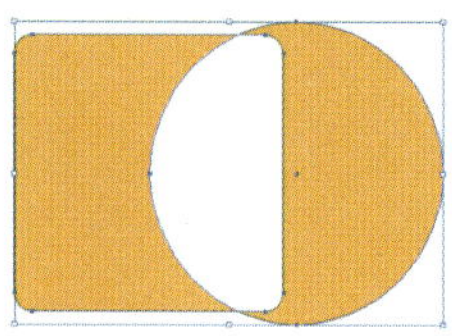	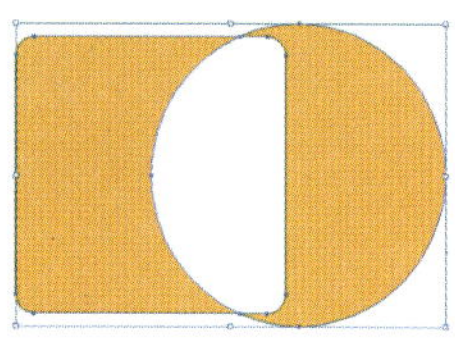

Pathfinders 

선택된 오브젝트들의 겹치는 패스를 이용해서 분할하는 기능으로 분할한 후에 그룹 해제를 하면 분리할 수 있다.

Pathfinders	원 본	버튼 클릭 시	그룹 해제 시
면 나누기 겹치는 패스의 모양대로 오브젝트를 분할	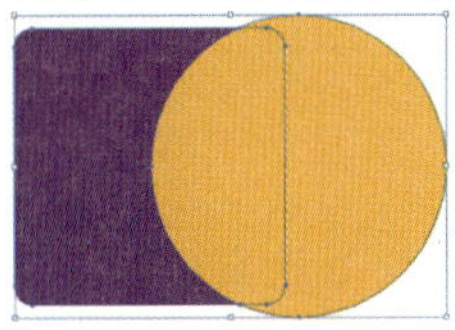	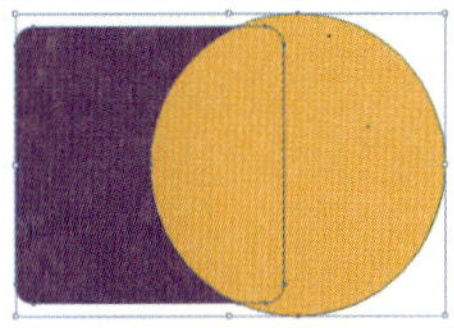	
분리하기 눈에 보이는 모양대로 오브젝트를 분할	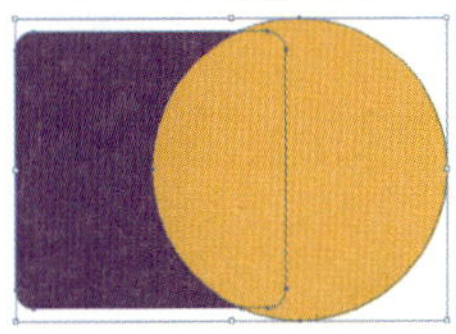		
병합하기 같은 컬러의 오브젝트가 있을 경우 같은 컬러끼리 묶어서 병합	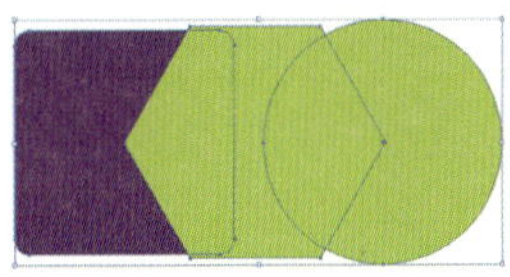		
윗면으로 자르기 가장 위의 오브젝트와 겹치는 아랫부분만 남김	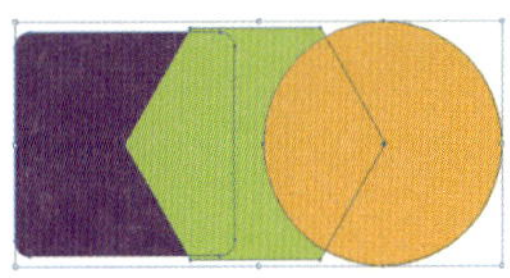	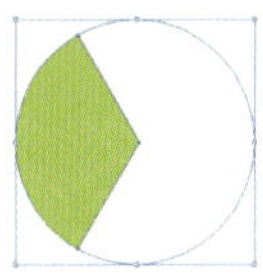	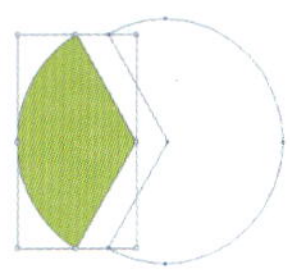
윤곽선 나누기 패스가 교차되는 모든 곳을 잘라 선으로 표현하며, 면과 선색이 바뀜	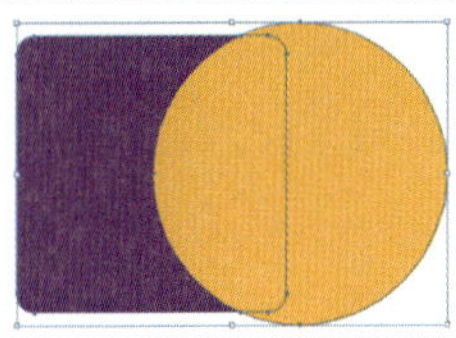	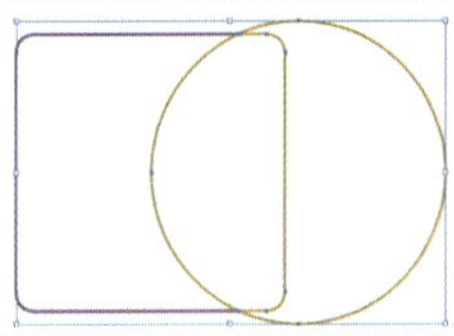	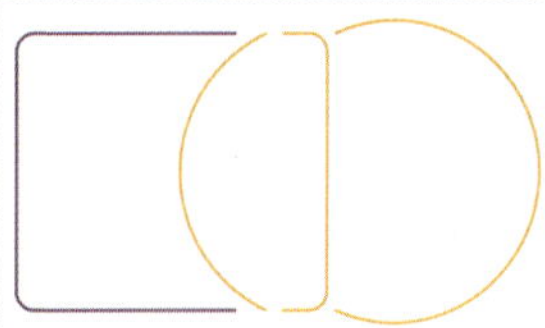
뒷면 지우기 가장 위의 면만 남기고, 겹치거나 뒤에 위치한 오브젝트는 지움	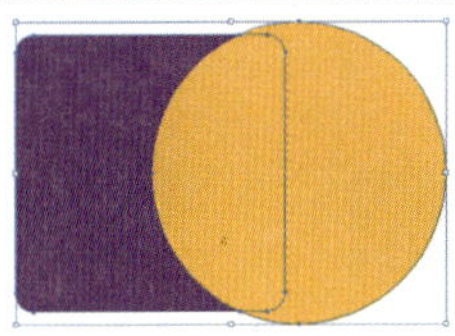	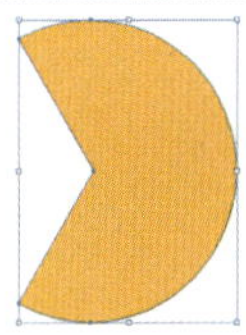	

배열[Arrange]메뉴로 오브젝트 배열하기

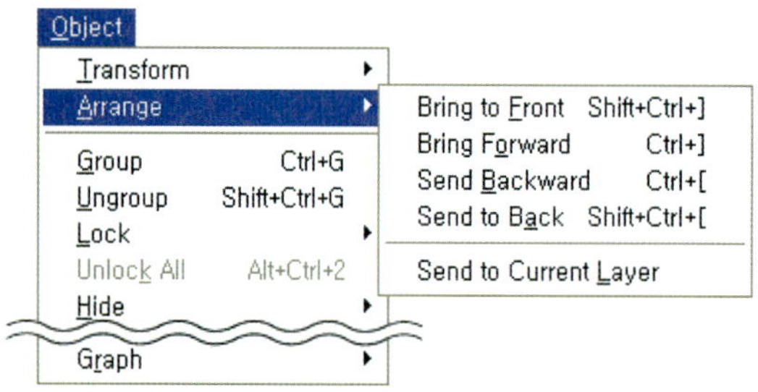

- Bring to Front : 선택한 오브젝트를 가장 맨 앞으로 이동시킨다.
- Bring To Forward : 선택한 오브젝트를 현재의 위치보다 한 단계 앞으로 이동시킨다.

원본　　Bring to Front　　Bring To Forward

- Send Backward : 선택한 오브젝트를 가장 맨 뒤로 이동시킨다.
- Send to Back : 선택한 오브젝트를 현재의 위치보다 한 단계 뒤로 이동시킨다.

원본　　Send Backward　　Send to Back

- Send to Current Layer : 선택한 오브젝트를 현재의 레이어로 이동시킨다.

오브젝트 그룹 및 그룹해제하기

마무리한 작업이나 작업의 중간과정에서 오브젝트들을 그룹 하여 하나로 묶어 놓으면 오브젝트의 이동, 복사, 편집에 있어서 매우 효과적으로 사용할 수 있다. 또한 일러스트레이터는 오브젝트의 다중그룹을 지원한다.

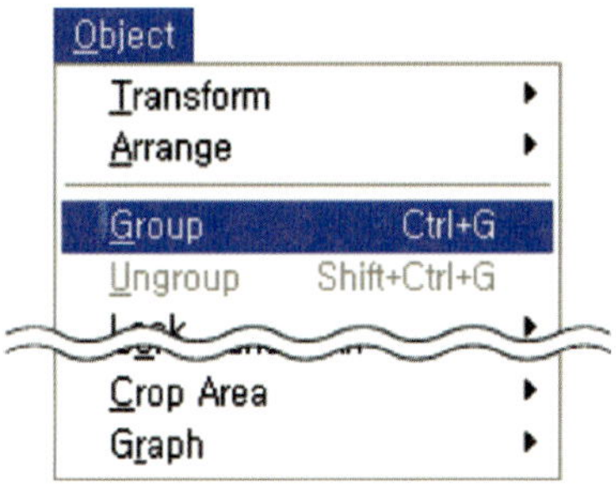

- 오브젝트 그룹하기 : 그룹으로 묶으려는 오브젝트들을 선택한 후 [Object]→[Group]메뉴를 선택한다.
  (단축키 : Ctrl + G 키)
- 오브젝트 그룹해제 하기 : 그룹상태의 오브젝트를 선택한 후 [Object]→[Ungroup]메뉴를 선택한다.
  (단축키 : Ctrl + Shift + G 키)

Chap.07 / 그 외의 기능들

문자 툴(Type Tool) 기능

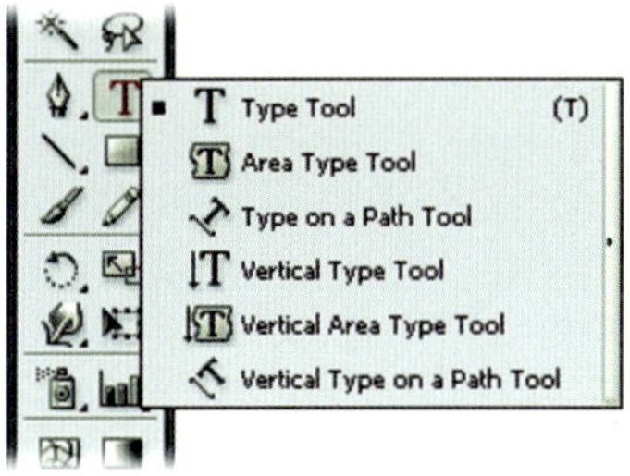

- 문자 툴 (Type Tool) : 기본적인 문자입력 기능이다.
- 영역 문자 툴(Area Type Tool) : 문서상에 존재하는 오브젝트들 중 선택되어진 오브젝트의 영역에 글자가 입력된다.
- 패스 문자 툴(Path Type Tool) : 선택된 패스를 따라 글자가 입력된다.

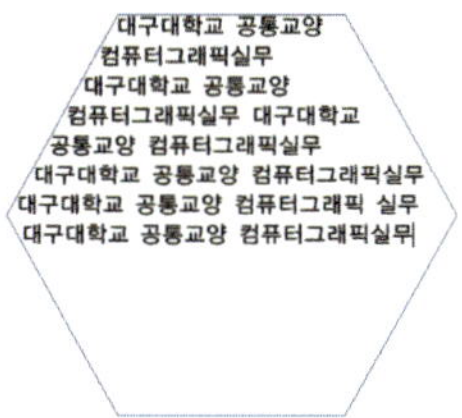

▲ Area Type Tool

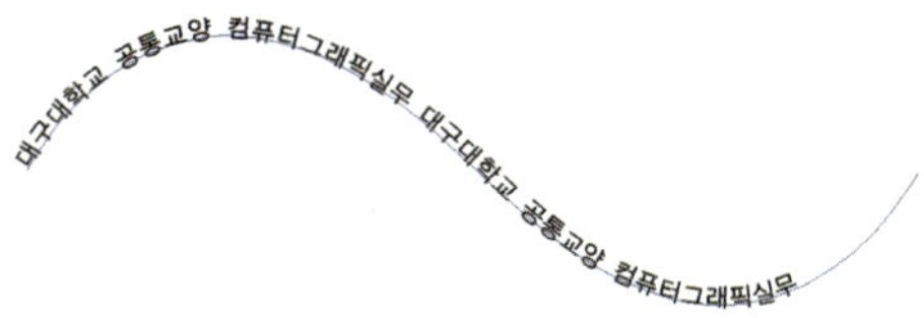

▲ Path Type Tool

- 수직방향 문자 툴(Vertical Type Tool) : 글자가 세로 방향으로 입력된다.
- 수직방향 영역 문자 툴(Vertical Area Type Tool) : 선택된 오브젝트의 영역 안에 세로방향으로 글자가 입력된다.
- 수직방향 패스 문자 툴(Vertical Path Type Tool) : 선택된 패스 위에 세로 방향으로 글자가 입력된다.

문자 팔레트[Character Palette]

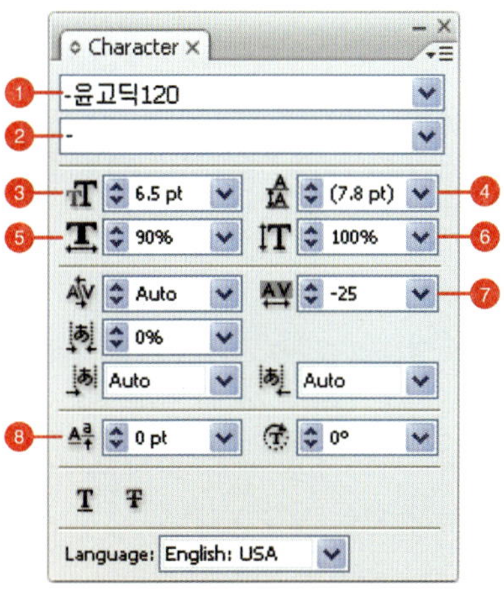

❶ Font : 현재 사용되어지고 있거나 사용되어질 글꼴의 이름을 볼 수 있고, 다른 글꼴의 선택도 가능하다. (컴퓨터에 설치되어 있는 글꼴만 사용 가능)

❷ Type : 서체에는 보통(Normal), 굵은 글씨체(Bold), 기울임체(Italic)가 지원되는데 이 스타일 옵션은 지원되는 서체에만 사용 가능하다.

❸ Font Size : 서체의 크기를 조정한다.
(1pt = 0.3528mm)

❹ Leading : 줄 간격(행간)을 지정한다.

5 Horizontal Scale : 글자의 가로 길이를 조절. 수치가 높을수록 넓이가 넓어진다. (평체)

6 Vertical Scale : 글자의 세로 길이를 조절. 수치가 높을수록 높이가 길어진다. (장체)

7 Tracking : 글자와 글자의 간격(자간)을 조절한다.

※ 한글의 경우 일반적으로 −값을 많이 사용한다.
−면 문자사이가 가깝고, +면 문자 사이가 멀어진다.

8 Baseline Shift : 위첨자, 아랫첨자를 입력할 때 사용하는 것으로 기준선을 중심으로 양수일 경우 기준선 위로, 음수일 경우 기준선 아래로 이동한다.

오브젝트 분할하기

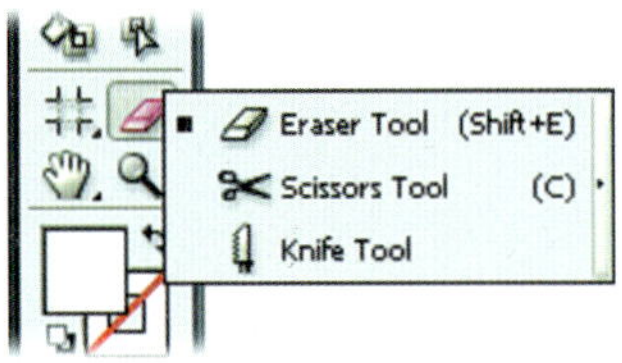

- 가위 툴(Scissors Tool) : 오브젝트의 패스를 클릭하여 오브젝트를 분할되며 분할된 오브젝트는 열린 오브젝트로 만들어진다.
- 나이프 툴(Knife Tool) : 오브젝트 위를 드래그해서 드래그한 모양대로 면이 분할되며 분할된 오브젝트는 닫힌 오브젝트로 만들어진다.

심벌 툴(Symbol Tool) 기능

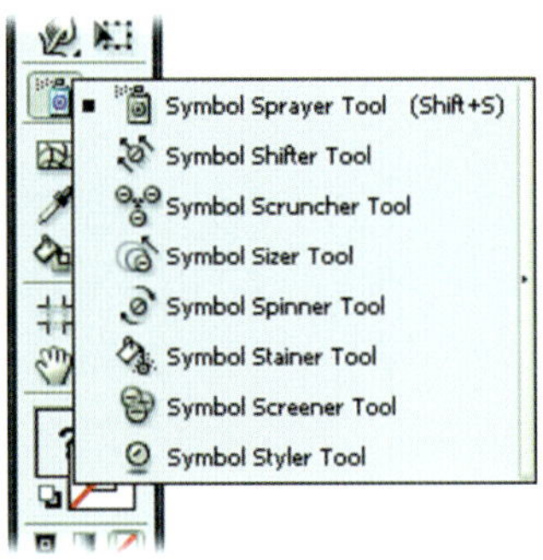

- 심벌 스프레이어 툴(Symbol Sprayer Tool) : 심벌을 도큐먼트에 뿌려주는 기능이다.
- 심벌 이동 툴(Symbol Shifter Tool) : 심벌들을 드래그해서 이동할 수 있는 도구이다.
- 심벌 스크런처 툴(Symbol Scruncher Tool) : 심벌들을 드래그해서 안쪽으로 모아주거나 바깥쪽으로 흩어지게 하는 도구이다.
- 심벌 크기 조절 툴(Symbol Sizer Tool) : 심벌들을 드래그해서 크기를 확대하거나 축소하는 도구이다.
- 심벌 회전 툴(Symbol Spinner Tool) : 심벌들을 드래그해서 회전하는 도구이다.
- 심벌 색조 툴(Symbol Stainer Tool) : 심벌들을 드래그해서 색상을 변경하는 도구이다.
- 심벌 투명 툴(Symbol Screener Tool) : 심벌들을 드래그해서 투명도를 조절하는 도구이다.

- 심벌 스타일 툴(Symbol Styler Tool) : 심벌들을 드래그해서 스타일 팔레트에 등록된 스타일을 적용하는 도구이다.

블렌드 툴(Blend Tool) 기능

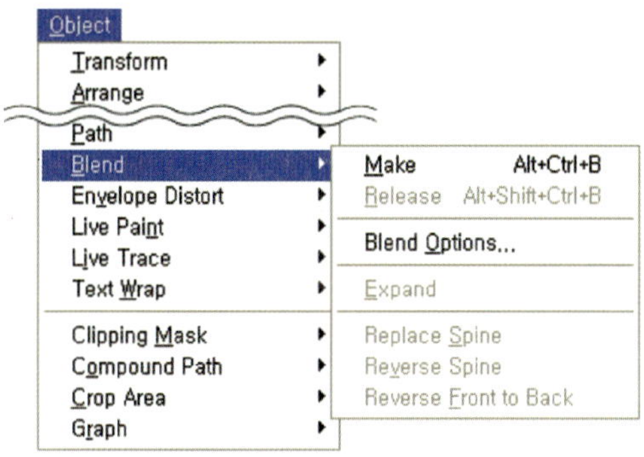

- Make : 두 개의 오브젝트의 중간 단계를 만드는 블렌드를 실행한다.
- Release : 블렌드 효과 적용을 해제한다.
- Blend Options : 블렌드의 방향, 단계 설정 가능한 옵션 창을 표시한다.
- Expand : 블렌드 적용으로 만들어진 중간 단계를 독립된 오브젝트로 변환한다.
- Replace Spine : 블렌드 패스의 방향을 다른 형태나 패스로 만들어 방향을 바꾸어 준다.
- Reverse Spine : 블렌드를 적용시킨 오브젝트의 순서를 교체한다.
- Reverse Front to Back : 블렌드가 적용된 상태에서 앞에 위치한 오브젝트와 뒤에 위치한 오브젝트의 순서를 교체한다.

블렌드 옵션 창

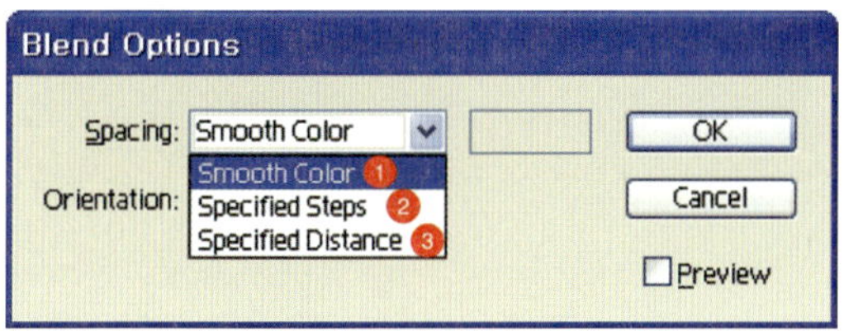

- Spacing : 중간 단계의 간격을 설정한다.
- Orientation : 중간 단계의 방향을 지정한다.
  1. Smooth Color : 중간 단계의 색상을 자연스럽게 변화시키는 것으로 사용자 편집이 불가능하며 255개의 중간단계를 만들어 자연스러운 색상을 표현한다.
  2. Specified Steps : 2개의 오브젝트 중간 단계의 개수 설정이 가능하다.
  3. Specified Distance : 2개의 오브젝트 중간 단계의 거리 설정이 가능하다.

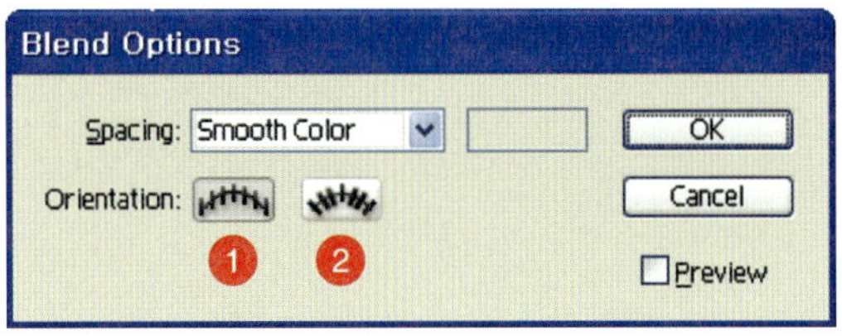

1. Align to Page : 오브젝트들이 패스의 경로에 상관없이 본래의 방향을 유지한다.
2. Align to Path : 오브젝트들이 패스의 경로에 따라 각도를 맞추어 정렬한다.

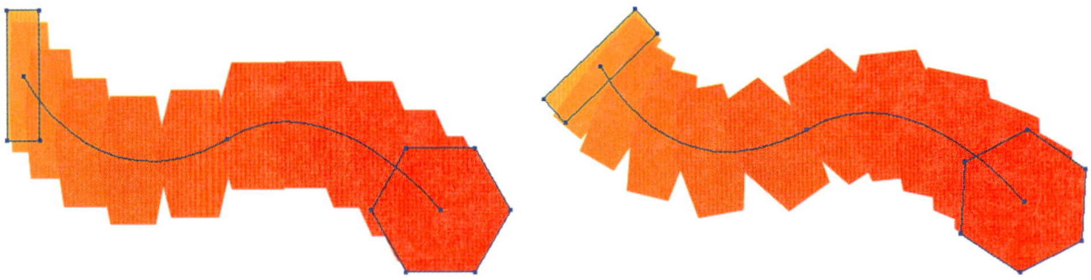

그레이디언트 메시 툴(Gradient Mesh Tool) 기능

오브젝트에 그물 형태의 망점을 생성하여 그레이디언트가 적용되는 범위를 설정해 보다 현실감 있는 그레이디언트를 적용하는 기능이다.

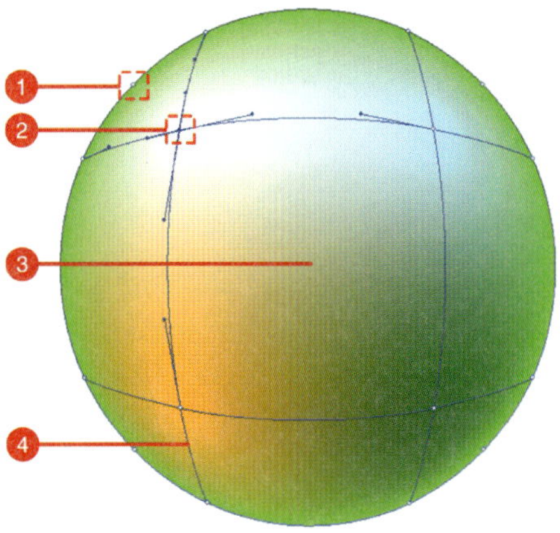

1. Anchor Point : 오브젝트의 형태를 결정하는 점
2. Mesh Point : 메시 툴을 클릭하면 생성되고 색상의 축이 되는 점
3. Mesh Patch : Mesh와 Mesh 사이의 영역으로 자연스러운 그레이디언트를 생성한다.
4. Mesh Line : Anchor Point와 Mesh Point를 연결하는 선으로 색상의 흐름을 관리한다.

그레이디언트 메시 옵션 창

오브젝트를 선택한 후에 [Object]→[Create Gradient Mesh]메뉴를 선택하면 옵션 창이 표시된다.

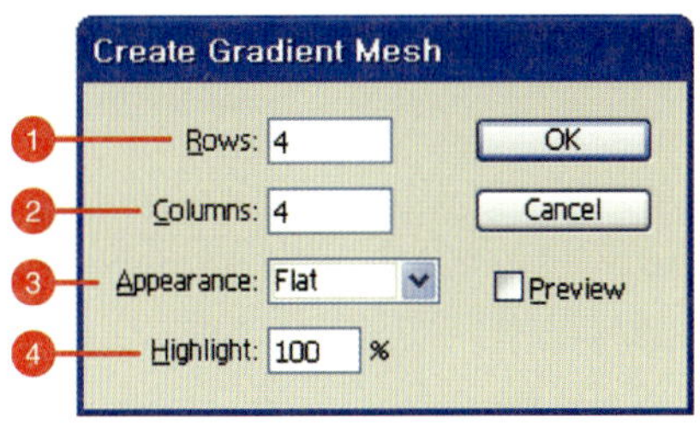

❶ Rows : 가로로 만들어지는 열의 개수를 조절한다.

❷ Columns : 세로로 만들어지는 행의 개수를 조절한다.

❸ Appearance : 그레이디언트 메시의 밝기와 형태를 설정한다.

- Flat : 색상의 변화 없이 그레이디언트 메시를 생성한다.
- To Center : 오브젝트의 중심에 밝기를 적용한다.
- To Edge : 오브젝트의 바깥쪽에 밝기를 적용한다.

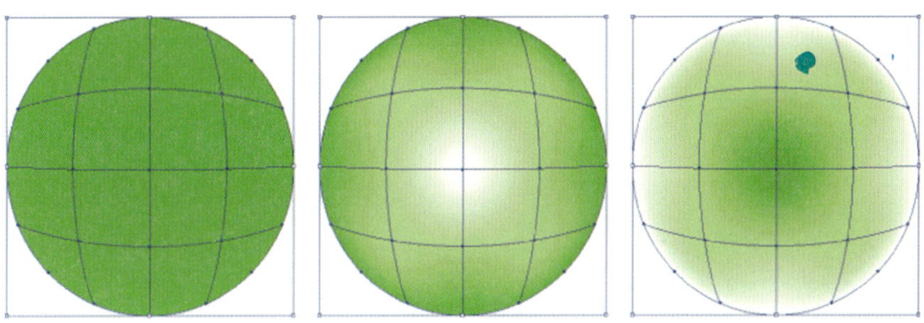

▲ Flat ▲ To Center ▲ To Edge

❹ Highlight : 수치로 밝기를 설정한다.

3D 오브젝트 기능

[3D Extrude & Bevel] 옵션 창

오브젝트를 돌출시키고 모서리 형태를 설정한다.

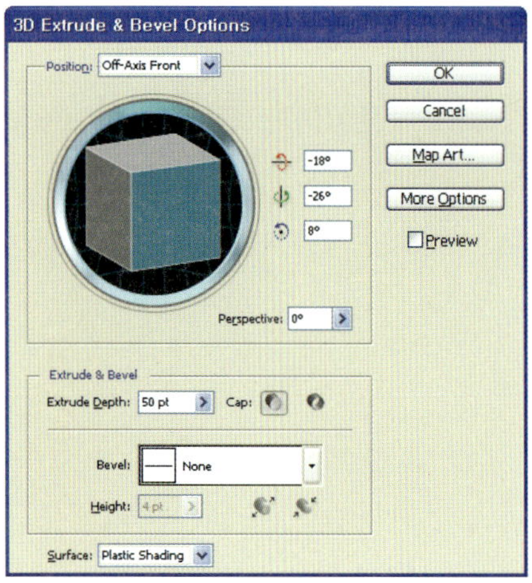

- Position : 3D 오브젝트의 시점, 위치를 선택하여 설정한다.
- Track Cube : 육면체 형태를 마우스로 드래그해서 3D 오브젝트의 시점, 위치를 설정한다.
- X Axis : 3D 오브젝트의 X축 위치를 설정한다.
- Y Axis : 3D 오브젝트의 Y축 위치를 설정한다.
- Z Axis : 3D 오브젝트의 Z축 위치를 설정한다.
- Perspective : 3D 오브젝트를 원근법 방식으로 화면에 표시한다.

- Extrude Depth : 오브젝트의 돌출정도를 설정한다.
- Cap : 3D 오브젝트의 렌더링에 있어 내부를 채울 것인지 비울 것인지를 결정한다.
- Bevel : 3D 오브젝트의 모서리 형태를 선택한다.
- Height : 3D 오브젝트의 모서리 형태의 크기를 결정한다.
- Surface : 3D 오브젝트의 재질과 조명상태를 조절한다.

[Surface] 옵션

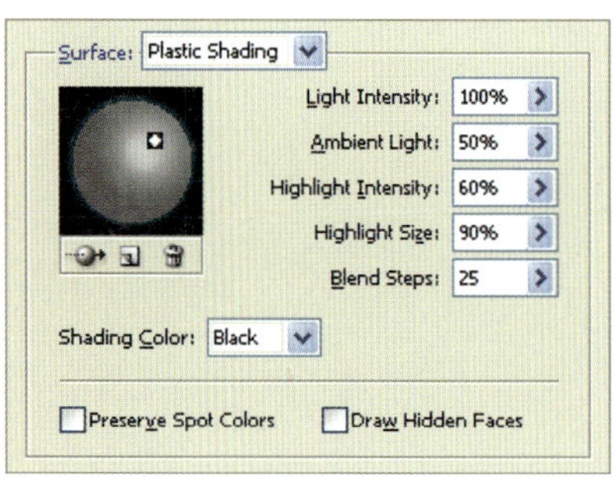

▼ 렌더링 미리보기

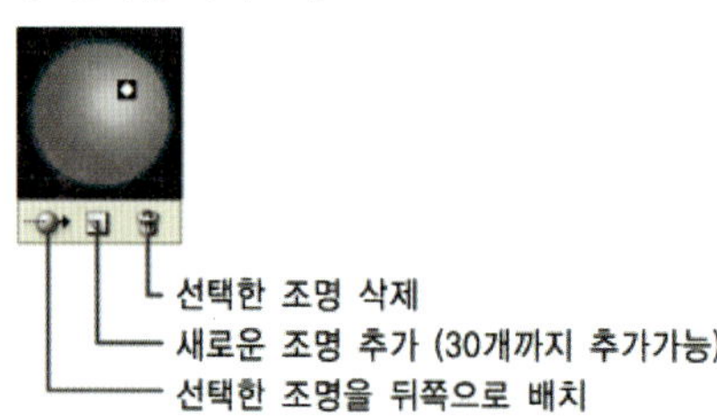

- Surface : 4가지의 렌더링 옵션 선택이 가능하다.
- Light Intensity : 조명의 강도를 설정한다.
- Ambient Light : 주변의 광량을 설정한다.
- Highlight Intensity : 가장 밝은 부분의 강도를 설정한다.

- Highlight Size : 가장 밝은 부분의 크기를 설정한다.
- Blend Steps : 렌더링의 단계 설정, 수치가 클수록 렌더링 품질이 좋다.
- Shading Color : 그늘부분의 색상을 설정한다.
- Preserve Spot Colors : 오브젝트가 가지고 있는 색상을 유지한다.
- Draw Hidden Faces : 옵션 체크 시 화면에 보이지 않는 부분도 렌더링 한다.

[3D Revolve Options] 옵션 창

오브젝트를 회전하여 입체물을 작성한다.

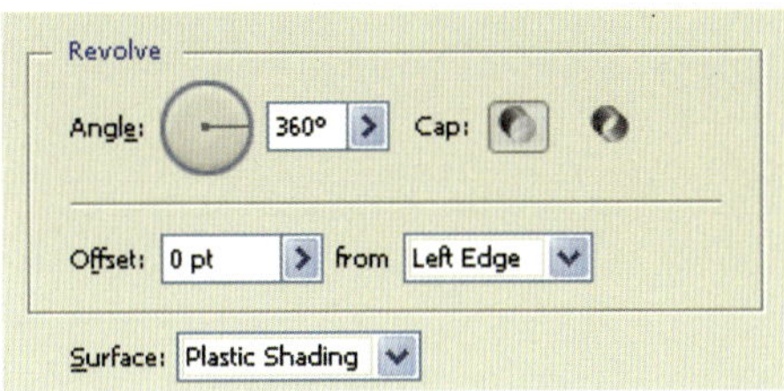

- Angle : 회전 렌더링 하는 각도를 설정한다.
- Cap : 3D 오브젝트의 렌더링에 있어 내부를 채울 것인지 비울 것인지를 결정한다.
- Offset : 정해진 중심축으로부터 확장하여 렌더링 한다.
- from : 선택한 패스의 왼쪽 또는 오른쪽을 중심축으로 결정한다.
- Surface : 3D 오브젝트의 재질과 조명 상태를 조절한다.

[Map Art] 옵션 창

3D 오브젝트의 겉 표면에 다른 이미지를 맵핑해서 배치한다.

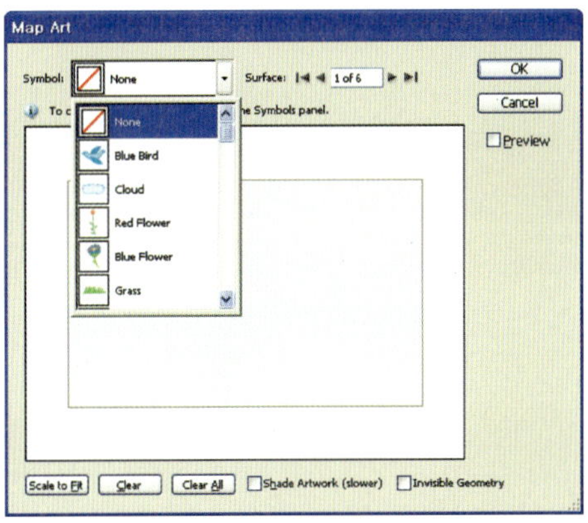

- Symbol : 심벌 팔레트에 등록된 심벌을 표시한다.
- Surface : 3D 오브젝트의 각 부분을 차례대로 보여준다.
- Scale to Fit : 불러들인 맵핑 이미지를 화면에 맞도록 크기를 재설정한다.
- Clear : 현재 [Surface] 항목으로 불러들인 맵핑 이미지를 삭제한다.
- Clear All : 불러들인 맵핑 이미지를 모두 삭제한다.
- Shade Artwork(Slower) : 맵핑 이미지에 명암을 적용한다.

Chap.08 / 예제로 일러스트레이터 익히기

도형 툴을 이용해 캐릭터 만들기

01  툴 박스에서 원형 툴 을 선택하고 Shift 키를 누른 채로 드래그해서 적당한 크기의 정원을 그린다. 상단 컨트롤 팔레트에서 면 색은 흰색, 선 색은 검정색으로 설정하고 Stroke를 3pt로 설정한다.

02 옆으로 이동하여 01 과정과 같은 방법으로 조금 더 큰 정원을 그린다.

03 Shift 키를 누르지 않고 드래그해서 가로가 긴 타원형을 그린다.

03

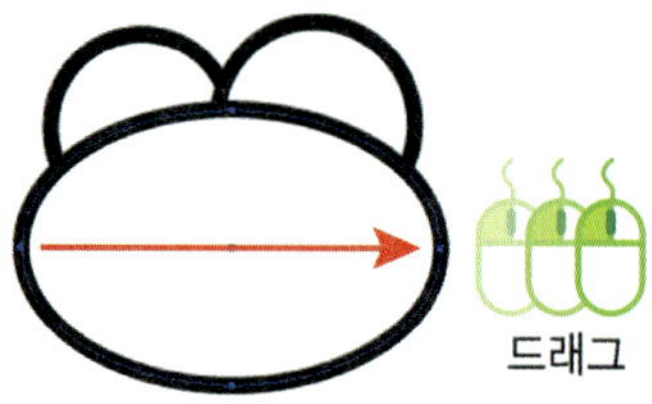

04 [Object]→[Arrange]→[Send Backward]메뉴를 실행해서 타원형을 맨 뒤로 보낸다.

04

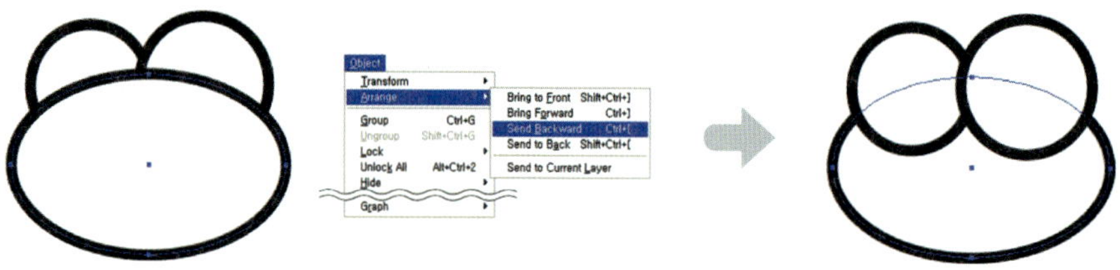

05 원형 툴 과 펜 툴 을 이용하여 꿀벌의 눈과 입을 그린다. 입을 그린 후 스트로크 팔레트의 선 끝처리를 Round Cap 으로 설정해서 끝이 동그란 입모양을 만든다.

06 다각형 툴 을 이용하여 삼각형을 그린다. 드래그 할 때 키보드의 ↓키로 다각형의 꼭짓점의 개수를 줄여 삼각형을 그릴 수 있다. 이때 Shift 키를 함께 눌러 삼각형의 꼭짓점이 상단을 향하게 한다.

05

06

07 회전 툴 을 선택한 후 Alt 키와 함께 클릭하면 원하는 위치로 회전의 중심축(⌖)이 옮겨지면서 옵션 창이 나타난다. 각도에 30° 를 입력하고 Copy 버튼을 클릭하여 삼

각형을 복사한다.

08 Ctrl+D 키를 연속으로 눌러 삼각형을 복사한다.

07

08

Ctrl + D

Tip [Transform Again] **명령**

방금한 작업을 기억하여 실행할 때마다 방금한 작업을 한 번 더 실행해 주는 명령 (단축키 : Ctrl+D 키)

09 패스파인더 팔레트의 Shape Modes에서 합치기(Add to shape area) 버튼을 클릭하여 **08** 과정에서 복사한 삼각형들을 하나의 오브젝트로 합치기 한다.

10 [Object]→[Arrange]→[Send Backward]메뉴를 실행해서 합친 삼각형들을 맨 뒤로 보낸다.

09

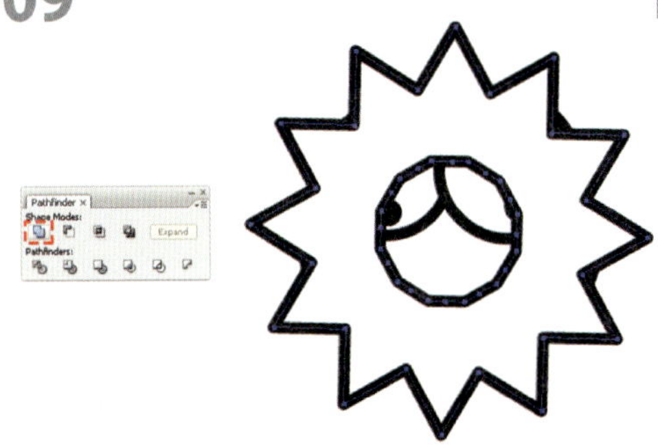

10

11 색상 팔레트에 C:0 M:30 Y:100 K:0을 입력한다.

12 원형 툴 과 펜 툴 을 이용하여 꿀벌의 더듬이를 그린다.

11

12

13 반사 툴 을 이용해 수직을 기준으로 반대쪽 더듬이를 복사한다. 복사한 더듬이를 선택 툴 로 선택하고 드래그해서 이동시킨다.

13

14 원형 툴 을 선택하고 드래그해서 적당한 크기의 가로가 긴 타원형을 그린다. 왼쪽에 다시 원을 그린 후 직접 선택 툴 로 왼쪽의 기준점을 클릭하여 선택한다.

15 Delete 키 또는 백스페이스 ← 키를 눌러 선택한 기준점을 삭제한 후, 상단의 컨트롤 팔레트에서 면 색을 투명(없음)으로 설정한다.

14

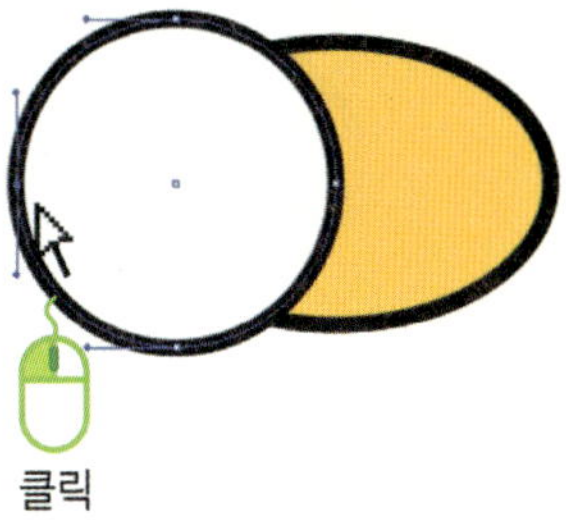

15

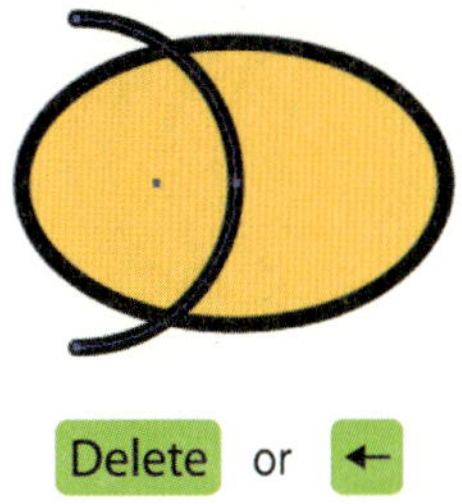

16 선택 툴 로 선택한 후 Shift 키를 누른 채 드래그해서 수평이동하면서 Alt 키를 함께 눌러 복사한다. Ctrl + D 키를 연속으로 눌러 아래와 같이 복사한다.

16

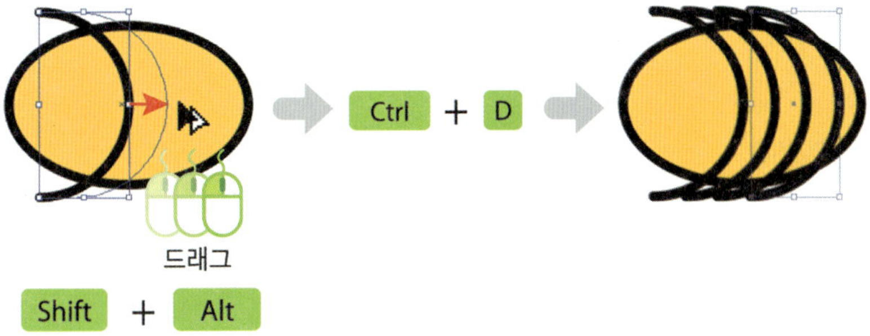

17 선택 툴 로 드래그해서 몸통 전체를 선택한 후 패스파인더 팔레트의 Pathfinders에서 면 나누기(Divide) 버튼을 클릭하여 겹치는 패스의 모양대로 오브젝트를 분할한다.

17

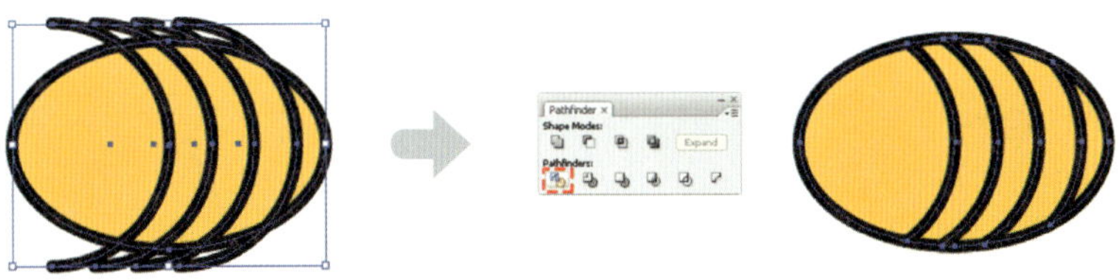

18 직접 선택 툴 로 몸통의 무늬부분을 선택하고 색상 팔레트에 C:0 M:0 Y:0 K:100을 입력한다.

18

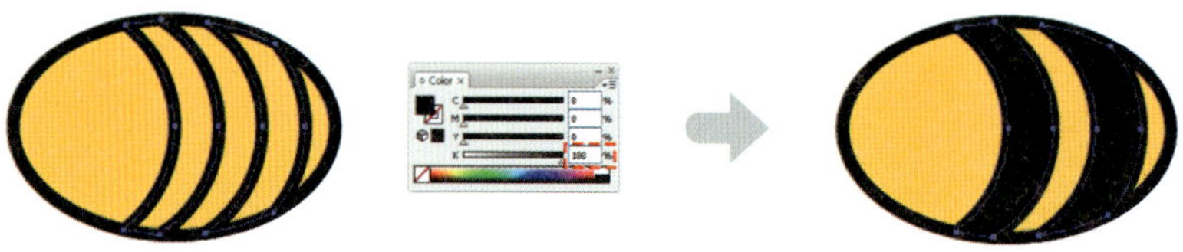

19 선택 툴 을 이용해서 몸통을 적당한 위치에 옮긴 후에 [Object]→[Arrange]→[Send Backward]메뉴를 실행해서 머리 오브젝트의 뒤로 보낸다.

19

20 원형 툴 을 선택하고 드래그해서 적당한 크기의 가로가 긴 타원형을 그린다. 색상 팔레트에 C:30 M:0 Y:10 K:0을 입력한다.

21 선택 툴 로 선택한 후 [Object]→[Arrange]→[Send to Back]메뉴를 실행해서 머리와 몸통사이에 위치시키고 적당한 각도로 회전시킨다.

20

21

22 반사 툴 을 이용해 수직기준으로 반대쪽 날개를 복사한다. 복사한 날개를 선택 툴 로 선택하고 드래그해서 적당한 위치로 이동시킨다.

22

23 선택 툴 로 양쪽 날개를 선택하고 투명 팔레트(Transparency Palette)의 투명도(Opacity)를 70%로 조절한다. 마지막으로 펜 툴 을 이용해 꿀벌의 양쪽 다리를 그린다.

23

24 01 ~ 23 과정을 참고하여 꿀통을 완성한다.

24

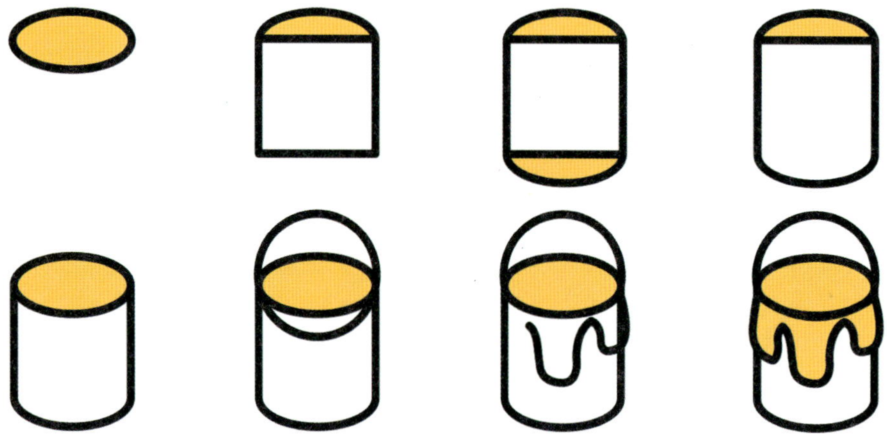

심벌마크 만들기

01  툴 박스에서 다각형 툴 을 선택하고 적당한 크기로 드래그해서 육각형을 그린다.

02 선택 툴 로 다각형을 선택하고 회전 툴 을 이용하여 90˚ 회전한다.

01

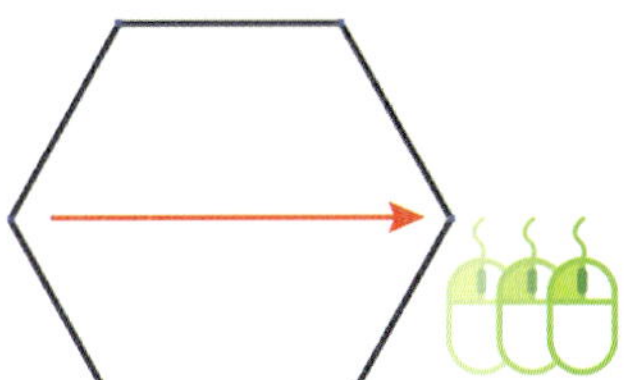

02

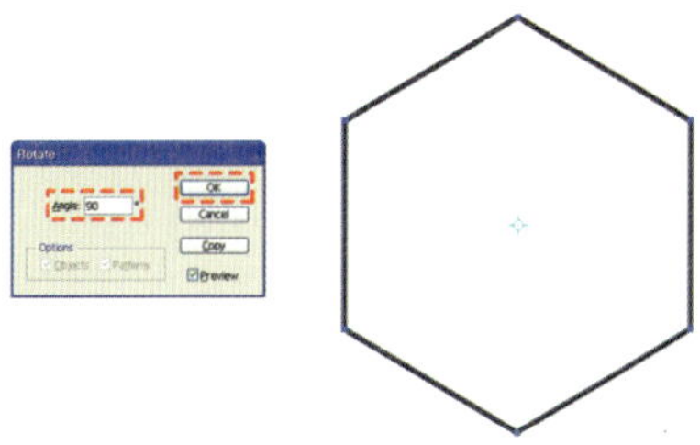

03 90˚ 회전한 다각형을 세로로 관통하는 직선을 라인 툴 을 이용하여 그린다.

04 선택 툴 로 다각형과 직선을 선택하고 정렬 팔레트를 이용하여 중앙정렬 한다.

03

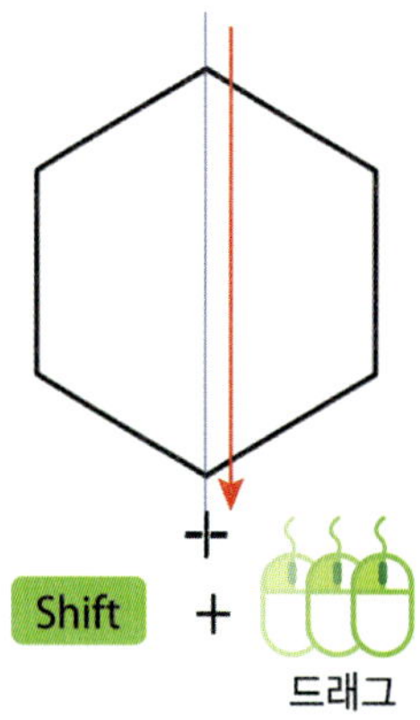

04

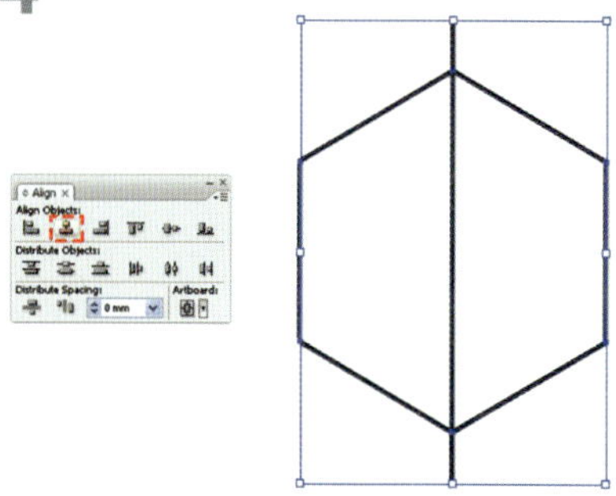

05 중앙정렬 된 다각형을 선택하고 Shift + Alt 키를 함께 눌러 위로 드래그해서 복사한다.

06 복사한 다각형의 크기를 크기 툴 을 이용하여 120% 확대한다.

05

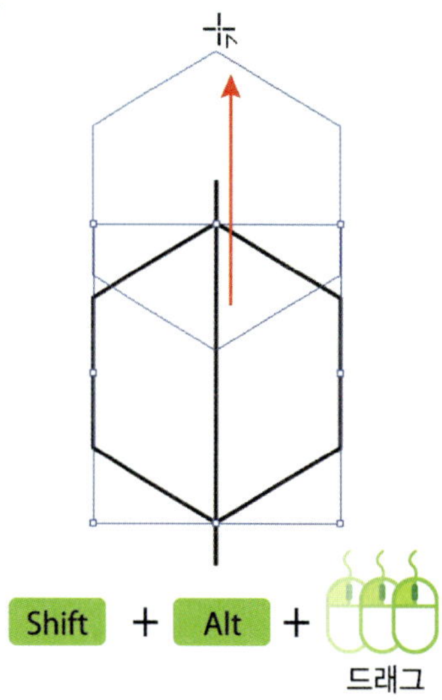

06

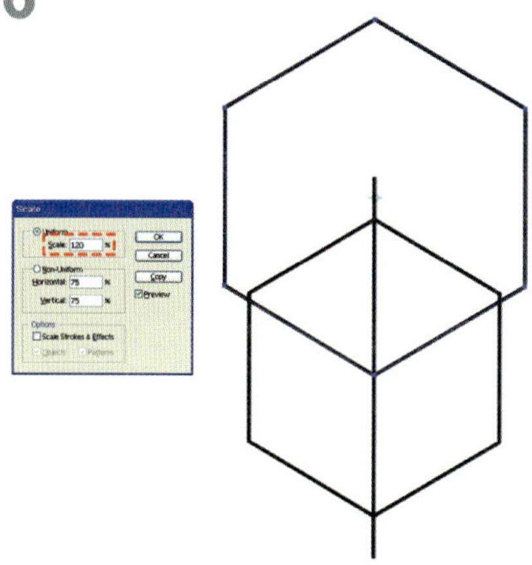

07 [View]→[Outline]메뉴를 실행하고 화면을 확대해서 120%로 확대된 다각형의 아랫쪽 선이 기존 다각형의 모서리 부분을 정확하게 지나가게 이동시킨다.

07

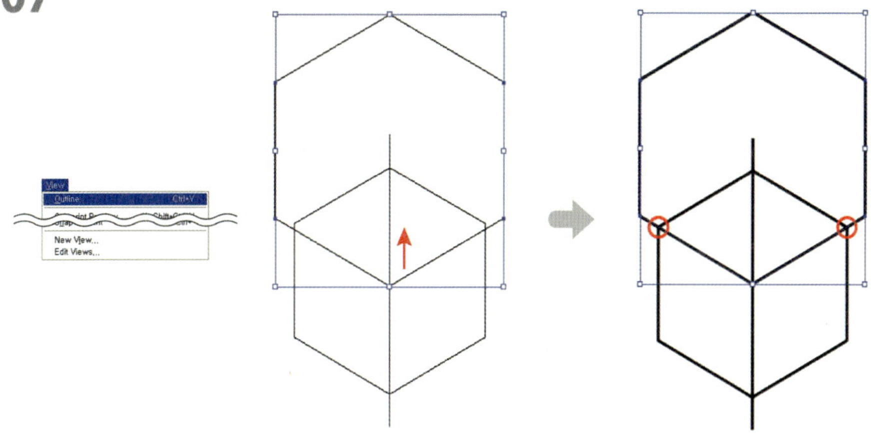

08 선택 툴 [▶]로 드래그해서 모든 도형을 선택한 후 패스파인더 팔레트의 면 나누기 [아이콘]버튼을 클릭하여 분리한다. 분리된 도형의 그룹을 해제하고 불필요한 기준점들을 삭제한다.

08

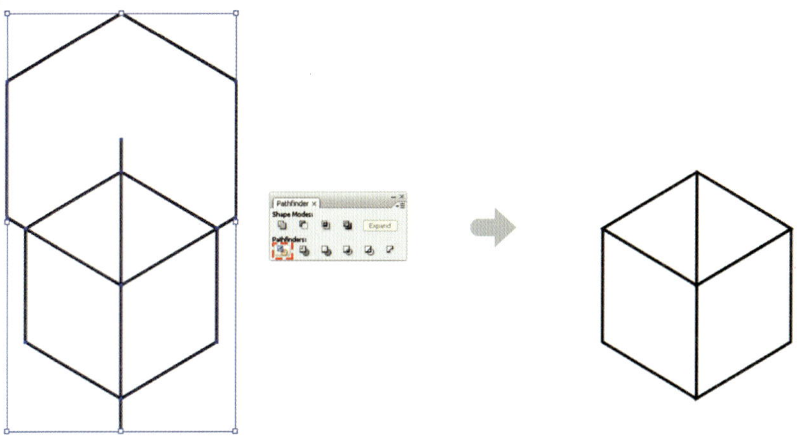

09 상자의 윗면 두 개를 선택 툴 [▶]과 Shift 키를 이용하여 선택하고 패스파인더 팔레트의 합치기 [아이콘]버튼을 눌러 합쳐준다.

09

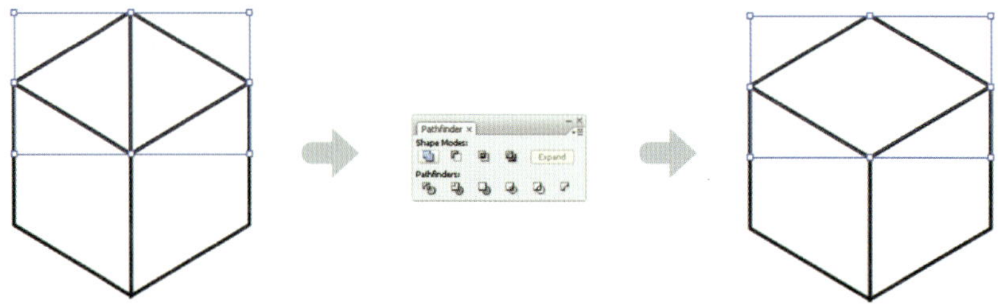

10 완성된 도형에 윗면과 옆면에 색상 팔레트를 이용하여 각각의 색상을 입력하여 정육면체를 완성한다. 완성된 정육면체를 이용하여 이동 및 복사를 통해 아래 그림과 같은 형태의 오브젝트를 완성하고 직접선택 툴 과 기준점 삭제 툴 로 불필요한 면과 기준점을 삭제하여 심벌마크를 완성한다.

10

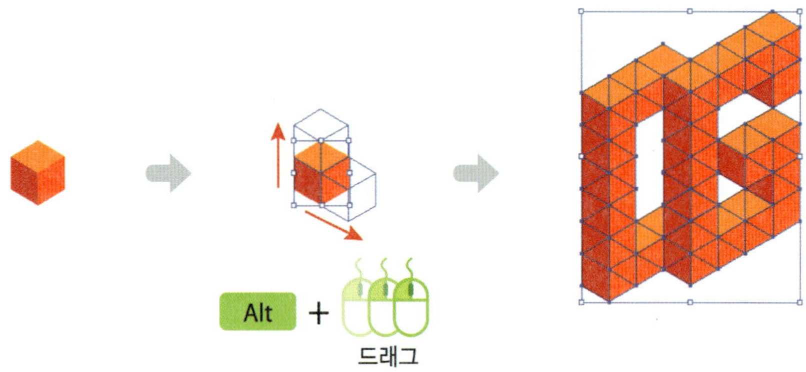

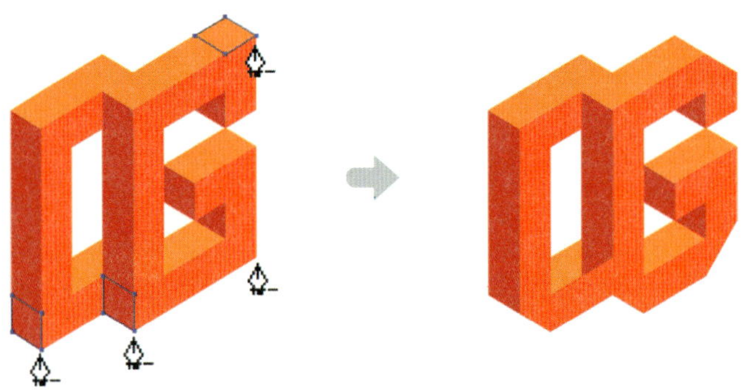

네임카드 만들기

01 [File]→[Open] (Ctrl+O 키)메뉴를 실행해서 앞서 제작한 'symbolmark.ai' 파일을 불러온다.

02  툴 박스에서 사각형 툴 을 선택한 후 아트보드의 바닥에 클릭한다. 사각형 옵션 창에 가로 90mm, 세로 50mm 입력하고 완료한다.

01

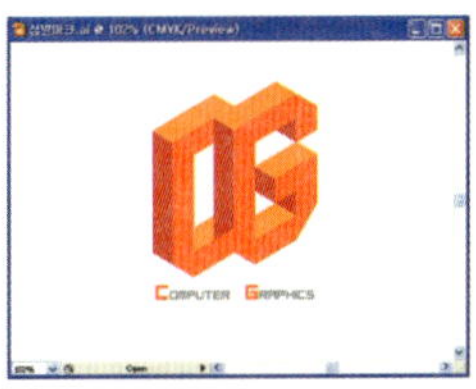

02

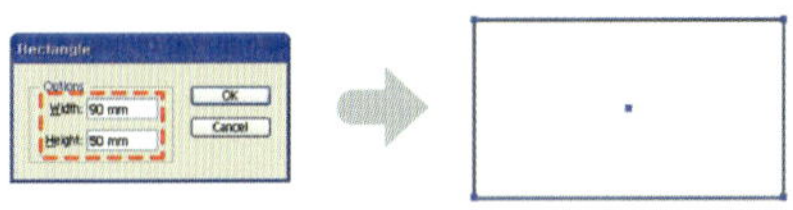

03  툴 박스에서 문자 툴 T을 선택한 후 아트보드에 클릭하고 네임카드에 들어갈 내용을 입력한다.

04 입력한 글자를 선택하고 문자 팔레트(Character Palette)에서 성명은 윤고딕130, 크기 11pt, 글자의 가로길이를 90%로 설정하고 기타정보(주소, 전화번호 등)는 윤고딕120, 크기 6.5pt, 글자의 가로길이 90%, 자간(Tracking) −25로 설정한다.

※ 컴퓨터에 윤고딕 서체가 없을 경우 다른 서체로 설정한다.

04

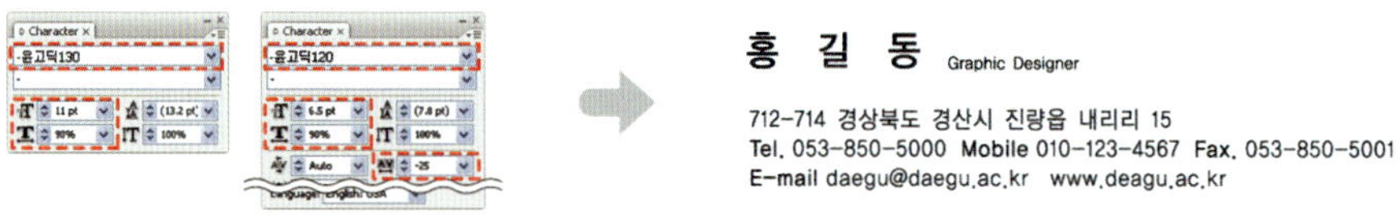

05 네임카드 전체의 균형을 고려해서 심벌마크와 글자를 배치하고 기타 그래픽 요소를 삽입하여 완성한다. 완성 후에 글자 전체를 선택하고 [Type]→[Create Outlines]메뉴를 실행해서 글자를 아웃라인 시킨다.

05

06 사각형 오브젝트를 선택한 후에 [Filter]→[Create]→[Crop Marks]메뉴를 이용해서 네임카드에 재단 선을 삽입한다.

06

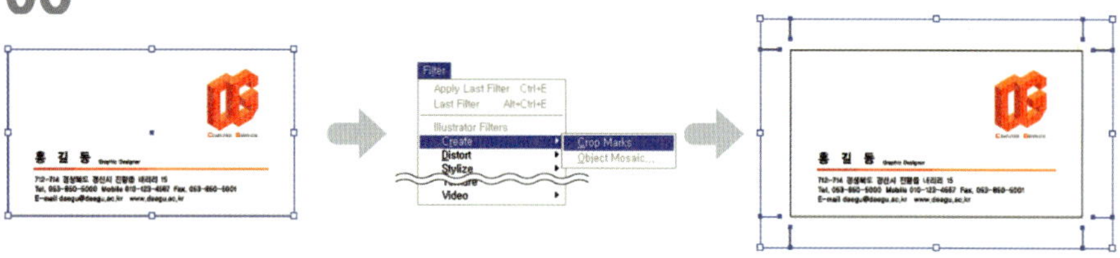

문자를 벡터 형식의 이미지로 변경하지 않은 상태에서 다른 컴퓨터에서 파일을 열었을 경우 그 컴퓨터에 동일 서체가 없다면 서체가 변경된다.

Tip 문자를 이미지로 변경하기

- 선택 툴 [아이콘]로 문자를 선택하고 마우스 오른쪽을 클릭하여 팝업메뉴에서 ❶ [Create Outline]를 선택한다. ❷ Ctrl + Space Bar 키를 눌러 확대해서 보면 문자가 벡터 형식의 이미지로 변환 된 것을 알 수 있다.

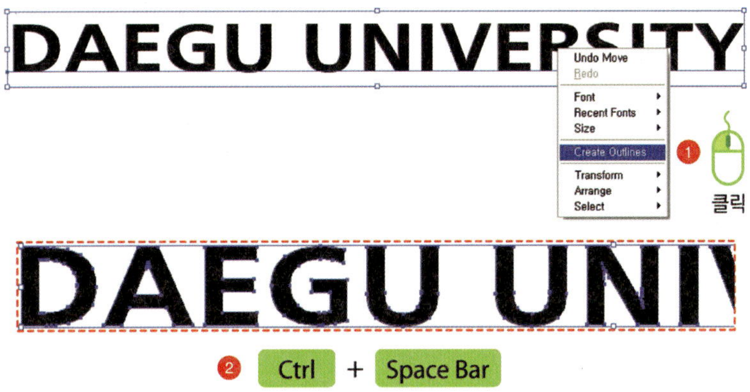

Live Trace 기능을 이용해 캘리그라피 만들기

01 [File]→[Open]메뉴를 실행해서 'Calligraphy.jpg' 파일을 불러온다.

01

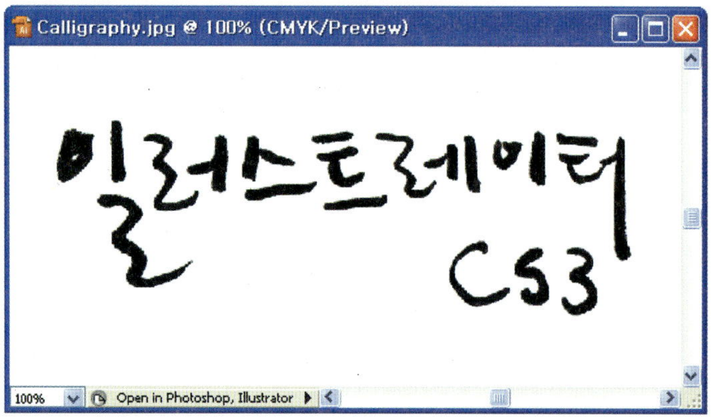

02  툴 박스에서 선택 툴 을 선택한 후 불러온 이미지를 선택한다.

03 상단의 컨트롤 팔레트에서 Live Trace 버튼 옆의 ▼버튼을 눌러 [Simple Trace]를 선택해 이미지의 거친 선들을 깔끔하게 정리한다.

03

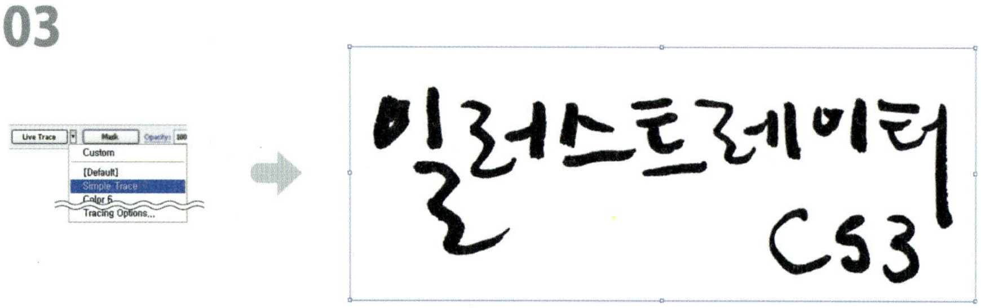

04 상단의 컨트롤 팔레트에서 [Expand]버튼을 눌러 이미지를 벡터이미지로 만든다.

04

05 이미지 전체가 하나의 그룹으로 묶여 있으므로 그룹해제 한 후, '일러스트레이터' 부분과 'CS3' 부분을 따로 선택해서 다시 그룹 합니다. 선택 툴 로 전체를 선택한 후에 [Alt]키를 누른 채로 드래그를 해서 이미지의 그림자를 만든다.

05

06  툴 박스에서 선택 툴 을 선택해서 하나의 그룹을 클릭하고 색상팔레트에서 색상을 입력하여 캘리그라피를 완성한다.

06

Tip 이미지 불러오기

- [Open]메뉴

  [File]→[Open]메뉴를 선택한 후 원하는 파일을 찾은 후 [Open]버튼을 클릭한다. 비트맵과 벡터 이미지 모두를 불러올 수 있으며 새로운 도큐먼트에 이미지 파일이 열린다.

- [Place]메뉴

  [File]→[Place]메뉴를 선택한 후 원하는 파일을 찾은 후 [Place]버튼을 클릭하면 현재 열려있는 도큐먼트에 이미지가 들어온다. Place는 외부 파일을 링크해서 보여주는 것이므로 파일의 위치가 처음 Place할 때와 달라지면 경로를 수정하거나 새로 불러와야 한다. 인쇄 시에는 링크된 파일을 별도로 저장해 가야하며 비트맵 이미지만 불러 올 수 있다.

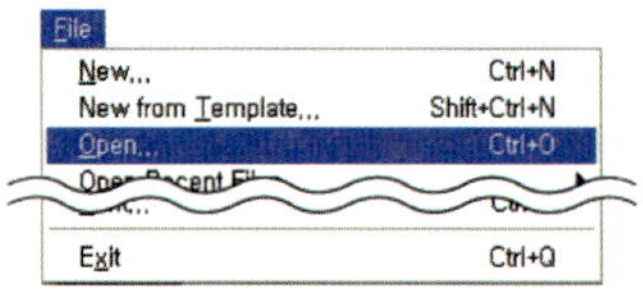

VS

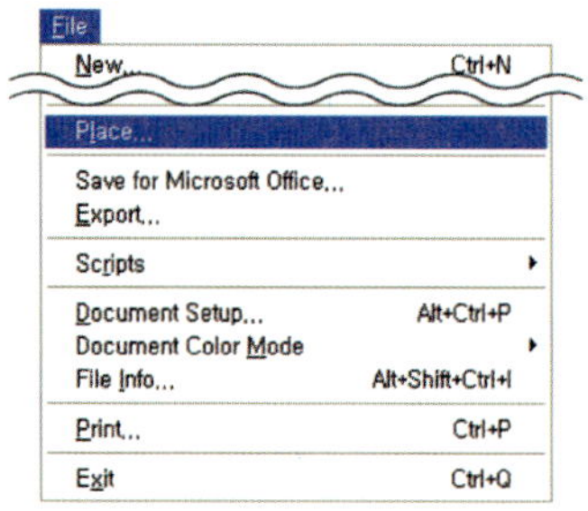

캐리커처 그리기

01 스케치를 하고 스케치 이미지를 깔끔하게 단선으로 정리한 후 스캐너를 이용해서 스캔한다.

01

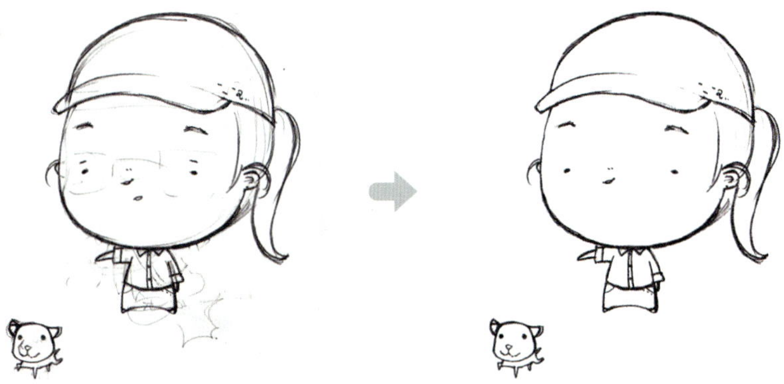

02 [File]→[Place]메뉴를 이용해 스케치한 이미지를 불러오고, 불러온 스케치 이미지를 선택한 후 레이어 팔레트(Layer Palette)에서 ❶ Layer1을 잠그고 ❷ 새 레이어를 추가한다.

02

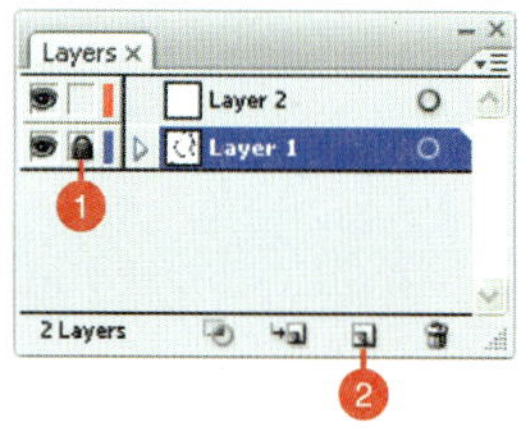

03  툴 박스에서 펜 툴 을 선택하고 컨트롤 팔레트에서 면 색은 투명, 선 색은 빨간 색, 굵기는 0.25pt로 설정한다. 

04 이미지를 확대한 후 펜 툴 을 이용해 스케치에 정확하게 곡선을 그려나간다. 곡선을 그릴 때 가급적 기준점이 적게 생기도록 한 번에 그리도록 노력한다.

04

05 색상 팔레트를 이용하여 각각의 색상을 입력하고 디테일을 수정하여 캐리커처를 완성한다.

05

Tip 오브젝트 및 이미지 고정하기

- [Lock]메뉴 : 고정하고자 하는 오브젝트나 이미지를 선택한 후 [Object]→[Lock]→[Selection]메뉴를 선택하면 고정시킬 수 있다. 고정을 해제하기 위해 [Unlock All]메뉴을 선택하면 고정된 모든 오브젝트가 한꺼번에 풀려 다시 고정시켜야하는 단점이 있다.

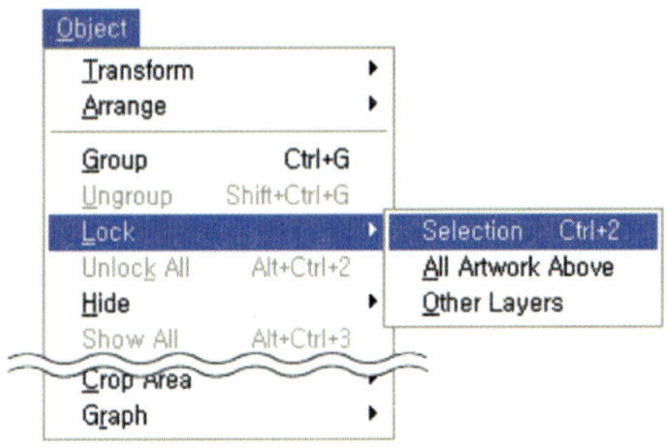

▲ 고정시키기

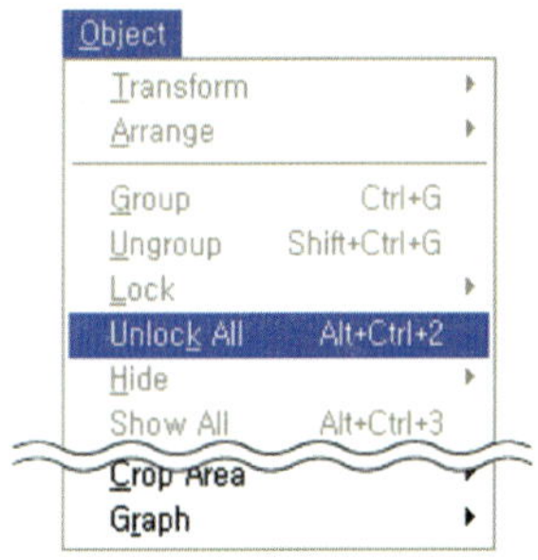

▲ 고정해제

- 레이어 팔레트에서 잠그기 : 레이어 팔레트의 눈 아이콘 옆의 ① 빈칸을 클릭하면 레이어가 잠기게 되고 그 레이어에 있는 모든 오브젝트는 고정된다.

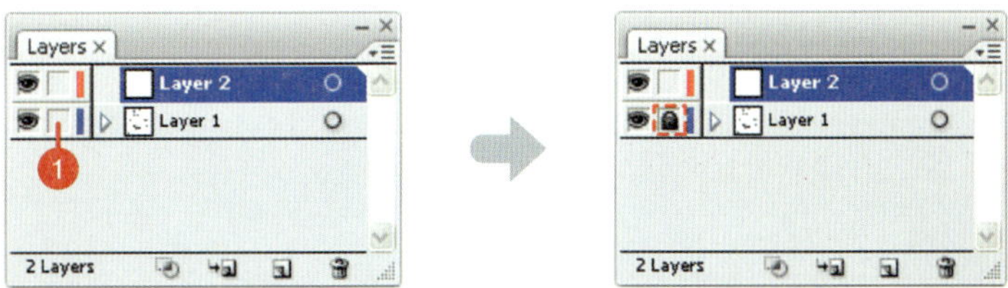

3D 오브젝트 기능을 이용해 현수막 만들기

01  툴 박스에서 사각형 툴 을 선택한 후 적당한 크기의 직사각형을 그린다. 선택 툴 로 선택한 후 Shift 키를 누른 채 드래그해서 수평이동하면서 Alt 키를 함께 눌러 복사한다. Ctrl + D 키를 4회 반복하여 4개의 직사각형을 만든 후에 색상 팔레트를 이용하여 각각의 색상을 입력한다.

01

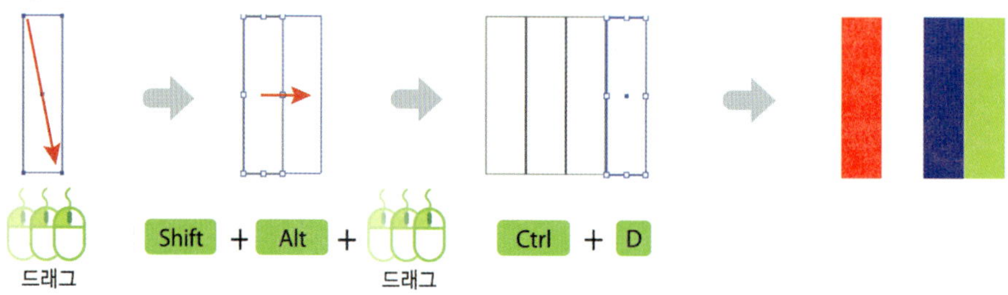

02 드래그해서 각각의 색상을 지닌 4개의 직사각형을 선택한 후 Shift+Alt키를 이용하여 4개의 직사각형을 복사하여 총 8개의 직사각형을 만든다. Distribute Spacing을 이용하여 8개의 직사각형을 빈틈없이 붙인다.

02

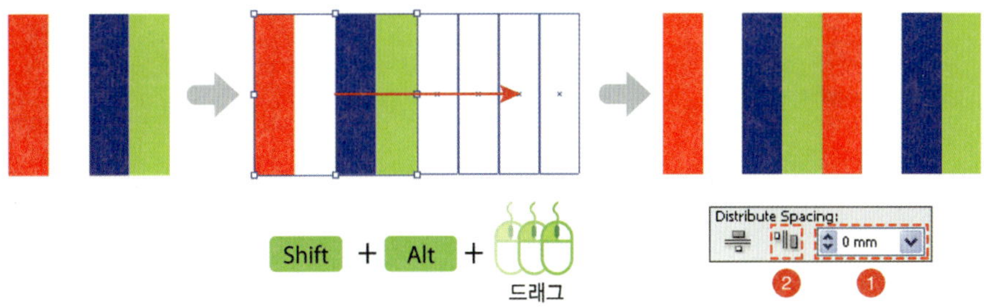

03 8개의 직사각형 모두를 선택한 후에 심벌 팔레트로 드래그해서 새로운 심벌로 등록한다.

03

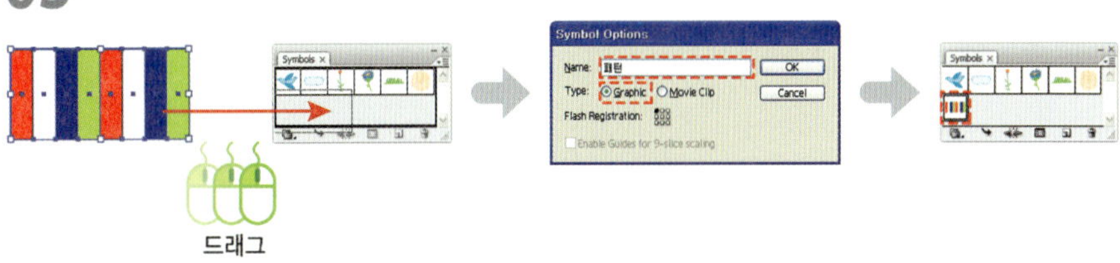

04 툴 박스에서 원형 툴 을 선택하고 Shift키를 누른 채로 드래그해서 적당한 크기의 정원을 그린다. 상단의 컨트롤 팔레트에서 면 색은 빨간색, 선 색은 없음으로 설정한다. 직접 선택 툴 로 오른쪽의 기준점을 클릭하여 선택하고 Delete키 또는 백스페이스 ←키를 눌러 선택한 기준점을 삭제한다.

04

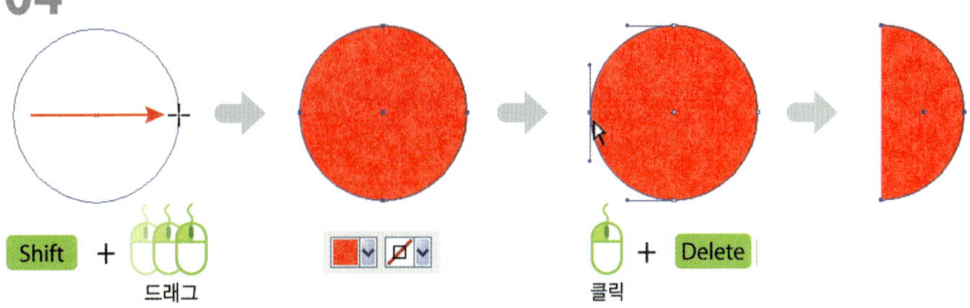

05 [Effect]→[3D]→[Revolve]메뉴를 선택하여 [3D Revolve Options] 옵션 창이 나타나면 아래와 같이 옵션을 설정한다.

05

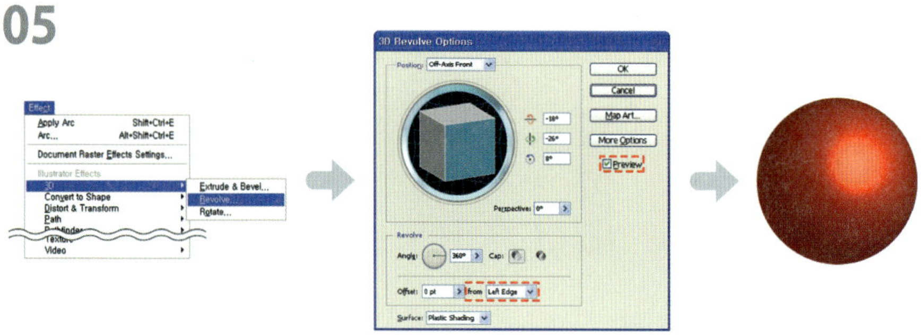

06 [3D Revolve Options] 옵션 창의 [Map Art] 버튼을 클릭하여 [Map Art]의 옵션 창에서 미리 등록해 둔 8개의 직사각형 심벌을 선택한 후 아래와 같이 옵션을 설정(①②③)하여 애드벌룬을 완성한다. [3D Revolve Options] 옵션 창에서 ④ 테두리 원을 드래그해서 애드벌룬을 적당하게 회전시킨다.

06

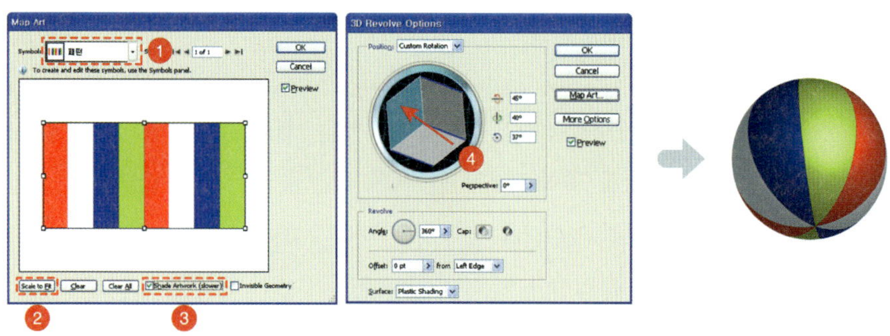

07 애드벌룬을 선택한 후 Alt 키를 누른 상태로 오른쪽으로 드래그해서 복사한다. 복사한 애드벌룬을 다른 각도로 회전시키기 위해 어피어런스 팔레트의 [3D Revolve] 속성을 더블클릭한다. [3D Revolve Options] 옵션 창에서 ① 테두리 원을 드래그해서 애드벌룬을 적당하게 회전시킨다.

07

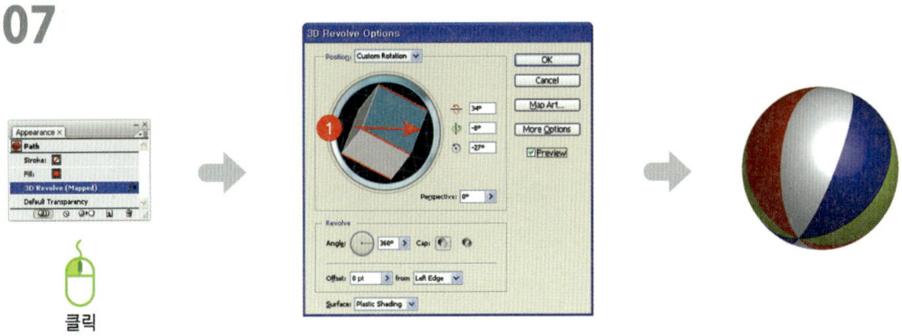

08 [File]→[Open]메뉴를 실행해서 'Daegulogo.ai' 파일을 불러온다. 툴 박스에서 사각형 툴 을 선택한 후 로고보다 큰 직사각형을 그린다. 불러온 'Daegulogo.ai' 파일과 직사각형을 함께 선택하고 정렬 팔레트를 이용하여 중앙정렬 한다. 직사각형을 선택하고 그레이디언트 팔레트를 이용해 색상을 아래와 같이 색상을 설정한다.

08

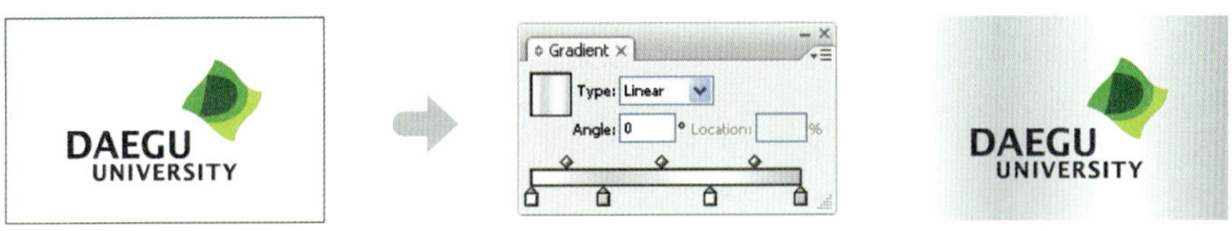

09 [Effect]→[Warp]→[Flag]메뉴를 실행해서 로고와 직사각형을 아래의 그림처럼 변형한다.

09

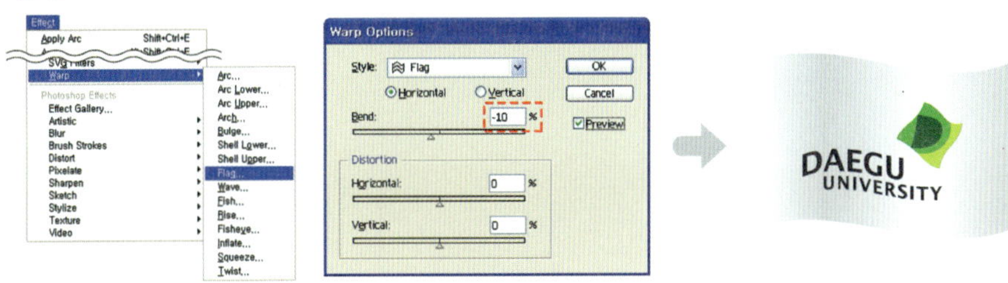

10 완성된 2개의 애드벌룬과 변형된 로고를 이용해 아래의 그림처럼 현수막을 완성한다.

11 [File]→[Open]메뉴를 실행해서 'sky.jpg' 파일을 불러온 후 배경으로 사용하고 플레어 툴 로 현수막에 조명효과를 적용하여 완성한다.

10

Tip 플레어 툴 [Flare Tool] 기능

- 이미지에 조명을 비추는 효과로 포토샵의 렌즈 플레어와 비슷한 기능
- 처음 클릭한 부분(조명의 위치)에서 클릭&드래그해서 빛의 밝기와 길이 등을 조절할 수 있다. 이때 키를 누르면 광선의 수가 증가하고, 키를 누르면 광선의 수가 감소한다. 조절이 끝나면 조금 떨어진 위치에서 다시 클릭&드래그해서 플레어의 길이와 후광의 위치를 결정하며, 또는 키를 눌러 링의 수를 조절한다.

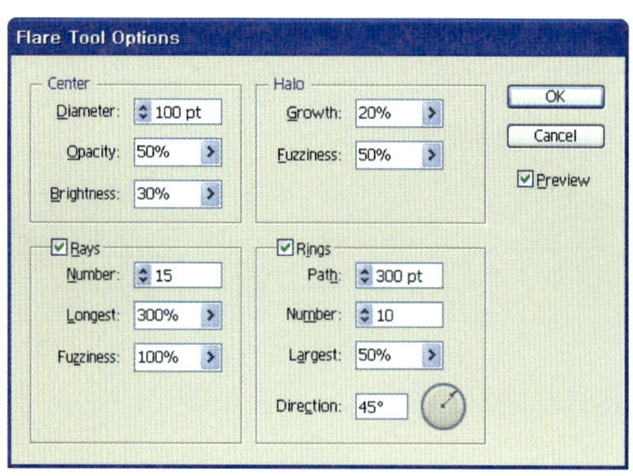

- Center : 하이라이트의 크기, 불투명도, 밝기 등을 설정한다.
- Halo : 후광의 크기, 흐림을 설정한다.
- Rays : 광선의 수, 길이, 흐림을 설정한다.
- Rings : 링의 수, 크기 방향을 설정한다.

부록. 일러스트레이터 CS3 메뉴 소개

파일(File) 메뉴

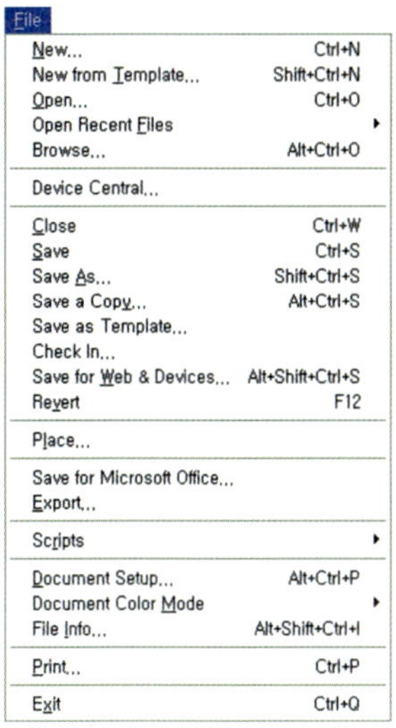

- New : 새로운 도큐먼트 생성
- New From Template
- Open : 저장되어 있는 도큐먼트, 이미지 파일을 불러오기
- Open Recent Files : 최근 불러온 파일을 10개까지 저장
- Browse : 어도비 브릿지 실행
- Device Central
- Close : 현재 작업 중인 도큐먼트 닫기
- Save : 도큐먼트 저장
- Save As : 열린 도큐먼트는 그대로 두고 새 이름으로 저장
- Save a Copy : 도큐먼트의 복사본을 생성
- Save as Template
- Check In
- Save for Web & Devices : 웹용 이미지나 HTML 문서로 저장
- Revert : 가장 최근에 저장했던 상태로 복구
- Place : 다른 형식의 파일을 도큐먼트에 삽입
- Save for Microsoft Office
- Export : 작업한 이미지를 다른 그래픽 포맷으로 저장
- Scripts
- Document Setup : 도큐먼트의 크기, 방향 등을 재설정
- Document Color Mode : 도큐먼트의 색상체계를 CMYK 모드 또는 RGB 모드로 변경
- File Info : 도큐먼트의 작자, 저작권, 설명 등 정보와 키워드 설정
- Print : 인쇄
- Exit : 프로그램 종료

편집(Edit) 메뉴

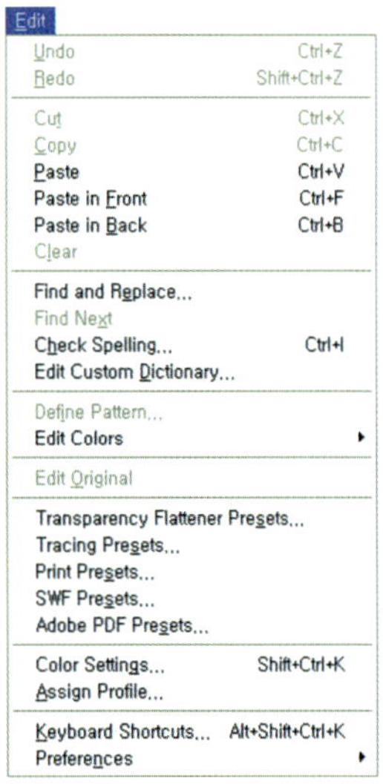

- Undo : 방금 실행한 작업 취소
- Redo : Undo 명령으로 취소했던 내용 다시 재실행
- Cut : 선택한 오브젝트를 클립보드로 오려내기
- Copy : 선택한 오브젝트를 클립보드로 복사하기
- Paste : 오려두거나 복사한 오브젝트를 도큐먼트에 붙이기
- Paste in Front : 오려두거나 복사한 오브젝트를 도큐먼트의 가장 앞쪽에 붙이기
- Paste in Back : 오려두거나 복사한 오브젝트를 도큐먼트의 가장 뒤쪽에 붙이기
- Clear : 선택한 오브젝트 삭제
- Find and Replace : 문장에서 원하는 문자를 찾고 다른 문자로 교환
- Find Next : 이미 검색한 문자와 같은 다음 문자를 검색하여 찾기
- Check Spelling : 영문 스펠링을 검색, 수정
- Edit Custom Dictionary
- Define Pattern : 선택한 오브젝트를 패턴으로 지정
- Edit Colors : 오브젝트의 색상 수정
- Edit Original
- Transparency Flattener Presets : Adobe PDF 파일로 프린트 시 이 기능을 이용하여 투명함을 그대로 보존
- Tracing Presets : 트레이싱 옵션 재설정
- Print Presets : 프린트 설정을 불러오거나 생성
- SWF Presets
- Adobe PDF Presets
- Color Settings : 프로그램 색상 시스템 설정
- Assign Profile
- Keyboard Shortcuts : 일러스트레이터의 단축키 재설정
- Preferences : 일러스트레이터의 작업환경 설정

오브젝트(Object) 메뉴

- Transform : 선택한 오브젝트 변형
- Arrange : 선택한 오브젝트의 배열 조절
- Group : 선택한 오브젝트들을 그룹으로 묶기
- Ungroup : 그룹상태의 오브젝트를 그룹상태에서 해제
- Lock : 선택한 오브젝트 잠그기
- Unlock : 잠금 상태의 오브젝트의 잠금 상태 해제
- Hide : 선택한 오브젝트를 화면에서 숨기기
- Show All : 숨긴 오브젝트 화면에 표시하기
- Expand : 선택한 오브젝트의 속성, 효과 분리하기
- Expand Appearance : Appearance 효과를 해제하여 일반 오브젝트로 변환
- Flatten Transparency : 선택한 오브젝트에 투명도 속성을 일반 오브젝트로 변환
- Rasterize : 벡터이미지를 비트맵이미지로 변환
- Create Gradient Mesh : 선택한 오브젝트에 그레이디언트 메시 효과 적용
- Slice : 오브젝트를 웹용으로 분할하는 기능
- Path : 선택한 오브젝트의 패스를 다양한 명령으로 조절, 변환
- Blend : 선택한 오브젝트에 블렌드 기능 적용
- Envelope Distort : 선택한 오브젝트에 덮는 효과를 적용하여 다양하게 변형
- Live Paint : 스크린에 표시된 색상을 기준으로 빠르고 정확한 컬러 작업 실행
- Live Trace : 스케치나 사진 이미지를 수정 가능한 벡터형식의 일러스트레이션으로 변형
- Text Warp : 오브젝트에 간격을 설정하여 글자가 오브젝트 주위로 흐르게 만드는 기능
- Clipping Mask : 선택한 오브젝트에 클리핑 마스크 효과 적용
- Compound Path : 선택한 오브젝트에 구멍을 뚫거나 해제
- Crop Area : 선택한 오브젝트에 자동으로 재단 선을 작성
- Graph : 그래프를 작성하고 그래프의 형태, 데이터, 옵션 설정

문자(Type) 메뉴

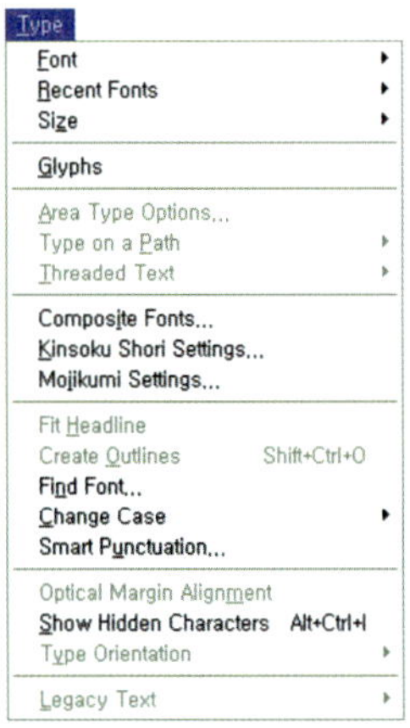

- Font : 선택한 문자의 글꼴 설정
- Recent Fonts : 사용했던 글꼴을 기억하여 표시
- Size : 문자의 크기 조절
- Glyphs : 특수문자 입력 옵션 창 표시
- Area Type Options : 문자의 단과 열을 조정하는 옵션
- Type on a Path : 패스 문자의 정렬 형식 결정
- Threaded Text : 글상자를 연결하는 기능
- Kinsoku Shori Settings : 행의 끝이나 처음에 오면 안되는 문자들 또는 두 행으로 나누면 안되는 문자들을 알맞게 처리
- Mojikumi Settings
- Fit Headline : 선택된 문자들의 자견을 넓혀 주어진 공간에 가득 채우는 기능
- Create Outlines : 선택한 문자의 속성을 해제하여 일반 오브젝트 속성으로 변환
- Find Font : 특정한 서체를 검색하고 변경
- Change Case : 영어의 대문자와 소문자 교체
- Smart Punctuation : 구두점 설정
- Optical Margin Alignment : 폰트의 띄어 쓰는 공간과 정렬을 재설정
- Show Hidden Characters : 문단속에 감춰진 특수부호를 표시하거나 숨긴다.
- Type Orientation : 문장의 쓰기 방향으로 가로 또는 세로 방향으로 전환
- Legacy Text

선택(Select) 메뉴

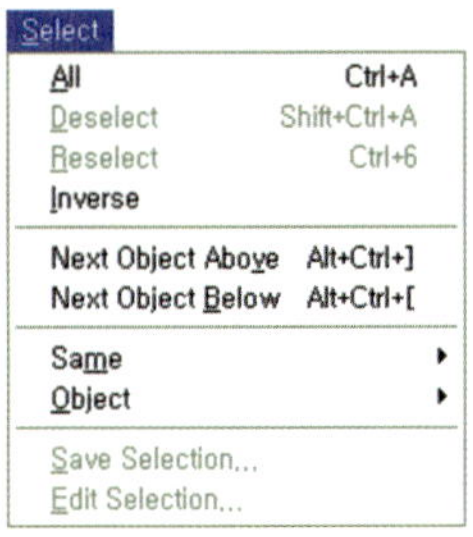

- All : 도큐먼트 사의 모든 오브젝트 선택
- Deselect : 이미 선택된 오브젝트의 선택 해제
- Reselect : 마지막으로 선택했었던 오브젝트를 다시 선택
- Inverse : 현재 선택된 오브젝트를 제외한 나머지 오브젝트를 선택
- Next Object Above : 선택한 오브젝트의 한 단계 위의 오브젝트를 선택
- Next Object Below : 선택한 오브젝트의 한 단계 아래의 오브젝트를 선택
- Same : 선택된 오브젝트와 같은 속성을 가진 오브젝트를 선택
- Object : 같은 속성을 가진 오브젝트들에 대한 클리핑과 기준점 등을 선택
- Save Section : 선택한 오브젝트 상태를 저장하는 기능
- Edit Selection : 저장해 둔 선택상태 편집

필터(Filter) 메뉴

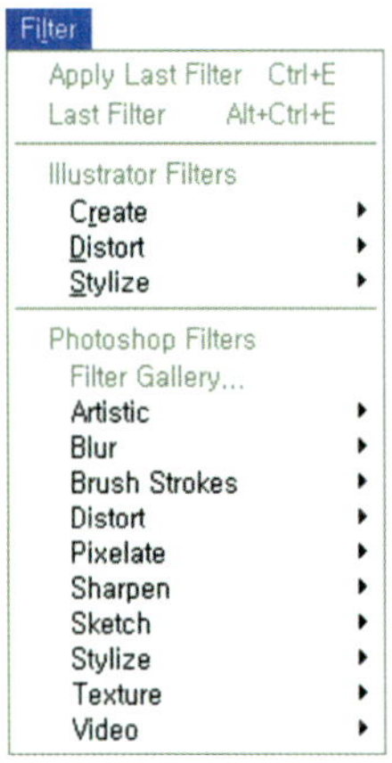

- Apply Last Filter : 마지막에 사용한 필터를 다시 적용
- Last Filter : 마지막에 사용했던 필터의 옵션 창을 다시 표시
- Create : 재단선을 만드는 기능과 모자이크 효과를 줄 수 있는 기능
- Distort : 오브젝트의 형태를 변형하는 필터들
- Stylize : 화살표 추가, 그림자 효과, 모서리를 둥글게 하는 필터
- Filter Gallery : 하나의 필터 효과 옵션 창을 통해 같은 계열의 필터를 한 번에 적용
- Artistic : 비트맵 이미지에 미술도구 효과 적용
- Blur : 비트맵 이미지를 흐릿하게 표현
- Brush Strokes : 비트맵 이미지에 다양한 붓터치 효과 적용
- Distort : 비트맵 이미지에 왜곡 효과 적용
- Pixelate : 비트맵 이미지의 픽셀 모양과 색상, 배열방식을 조절
- Sharpen : 비트맵 이미지를 선명하고 날카롭게 표현
- Sketch : 비트맵 이미지에 스케치 효과 적용
- Stylize : 비트맵 이미지의 색상 경계들을 강조하는 효과
- Texture : 비트맵 이미지에 다양한 표면효과 적용
- Video : 동영상 캡쳐 이미지 보정

이펙트(Effect) 메뉴

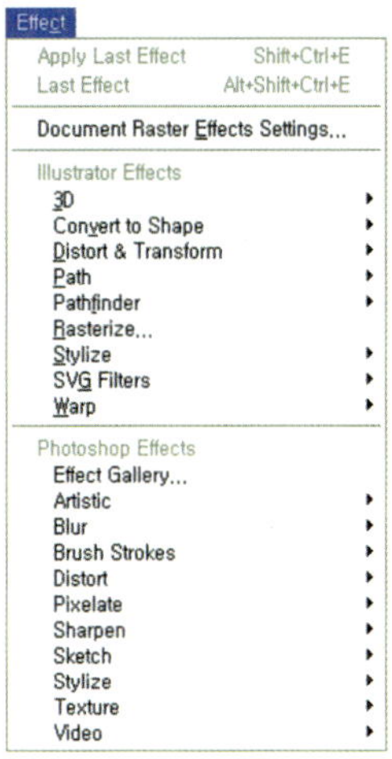

- Apply Last Effect : 마지막에 적용했던 이펙트를 다시 적용
- Last Effect : 마지막에 사용했던 이펙트의 옵션 창을 다시 표시
- Document Raster Effects Settings : 벡터 이미지를 비트맵 이미지로 전환하는 옵션 창 표시
- 3D : 선택한 오브젝트에 입체효과를 적용하기 위한 옵션 창 표시
- Convert to Shape : 선택한 오브젝트의 패스를 사각형, 둥근 사각형, 원형으로 변환
- Distort & Transform : 선택한 오브젝트의 형태를 변형하는 이펙트
- Path : 오브젝트의 패스를 다양하게 변화
- Pathfinder : 패스파인더 효과를 이펙트 속성으로 적용
- Rasterize : 백터 이미지를 비트맵 이미지로 변환
- Stylize : 화살표 추가, 그림자 효과, 퍼짐 효과, 색상 밝기 변화, 둥글게 하는 이펙트
- SVG Filters
- Wrap : 오브젝트에 15가지 변형설정 제공
- Effect Gallery : 하나의 이펙트 효과 옵션 창을 통해 같은 계열의 이펙트를 한 번에 적용
- Artistic : 비트맵 이미지에 미술도구 효과 적용
- Blur : 비트맵 이미지를 흐릿하게 표현
- Brush Strokes : 비트맵 이미지에 다양한 붓터치 효과 적용
- Distort : 비트맵 이미지에 왜곡 효과 적용
- Pixelate : 비트맵 이미지의 픽셀 모양과 색상, 배열방식을 조절
- Sharpen : 비트맵 이미지를 선명하고 날카롭게 표현
- Sketch : 비트맵 이미지에 스케치 효과 적용
- Stylize : 비트맵 이미지의 색상 경계들을 강조하는 효과
- Texture : 비트맵 이미지에 다양한 표면효과 적용
- Video : 동영상 캡쳐 이미지 보정

부록 - 일러스트레이터 CS3 메뉴

보기(View) 메뉴

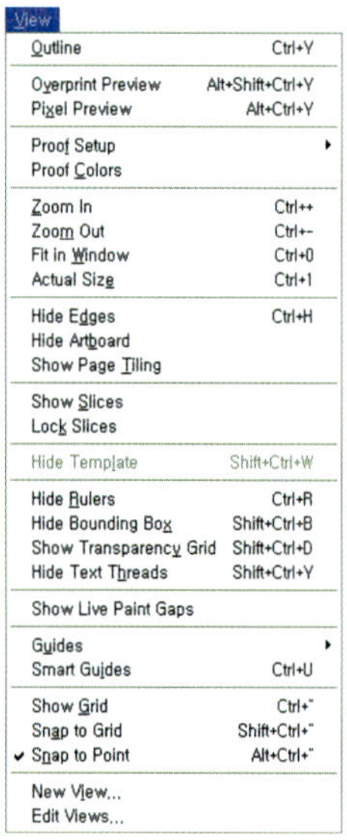

- Outline : 오브젝트를 패스선만으로 보기
- Overprint Preview : 중복 프린트 적용 시 그 결과 미리보기
- Pixel Preview : 벡터로 작업된 오브젝트를 비트맵으로 전환하여 미리보기
- Proof Setup : 모니터의 RGB방식으로 설정하여 색상을 표시
- Proof Colors : [Proof Colors]에서 설정된 색상을 표시
- Zoom in : 확대보기 기능
- Zoom Out : 축소보기 기능
- Fit in Window : 도큐먼트를 윈도우 크기에 맞추어 보여주는 기능
- Actual Size : 이미지를 100%로 화면에 표시
- Show/Hide Edge : 오브젝트 선택 시 나타나는 패스 또는 기준점들을 표시하거나 숨기는 기능
- Show/Hide Artboard : 아트보드의 경계를 표시하거나 숨기는 기능
- Show/Hide Page Tiling : 점선으로 이루어진 페이지경계를 표시하거나 숨기는 기능
- Show/hide Slices : 이미지를 분할 툴로 분할했을 시 분할된 영역을 표시하거나 숨기는 기능
- Lock Slices : 분할 툴을 사용하여 분할한 이미지에 분할 영역을 추가하거나 수정하지 못하게 잠그는 기능
- Show/Hide Template
- Show/Hide Rulers : 눈금자를 표시하거나 숨기는 기능
- Show/Hide Bounding Box : 오브젝트 선택 시 나타나는 바운딩 박스를 표시하거나 숨기는 기능
- Show/Hide Transparency Grid : 도큐먼트를 투명한 상태로 표시하거나 숨기는 기능
- Show/Hide Text Threads
- Show/Hide Live Paint Gaps
- Guides : 가이드 선의 표시 여부를 결정하고 오브젝트를 가이드 선으로 만들거나 잠금 여부 설정
- Smart Guides : 마우스 포인트, 오브젝트를 구성하는 패스, 기준점의 명칭을 보여주며 오브젝트를 이동시킬 때 위치나 각도를 표시

- Show/Hide Grid : 화면에 그리드를 표시하거나 숨기는 기능
- Snap to Grid : 그리드 라인에 오브젝트가 딱 맞도록 하는 기능
- Snap to Point : 오브젝트가 기준점에 가장 근접하여 위치할 수 있게 하는 기능
- New View
- Edit View

윈도우(Window) 메뉴

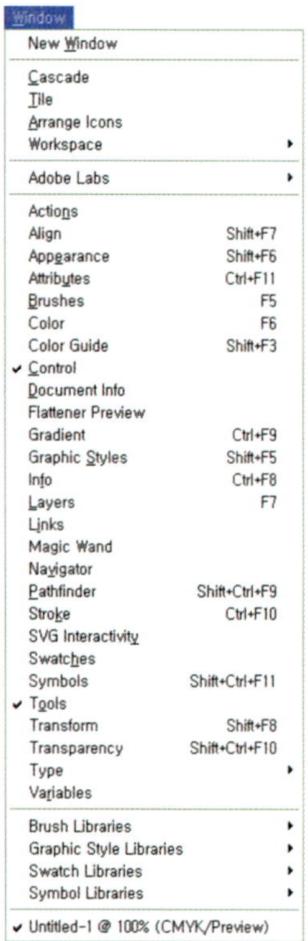

- New Window : 선택된 도큐먼트와 동일한 도큐먼트 생성
- Cascade : 여러 개의 도큐먼트 윈도우를 계단식으로 정렬
- Tile : 여러 개의 도큐먼트를 바둑판 형식으로 정렬
- Arrange Icons : 이미지의 아이콘을 정렬
- Workspace : 기본적으로 배치된 옵션이라 사용자가 저장해 놓은 작업 공간 배치를 불러온다.
- Actions, Align, Appearance, Attributes, Brushes, Color, Document Info, Flattener Preview, Gradient, Graphic Styles, Info, Layers, Links, Magic Wand, Navigator, Pathfinder, Stroke, SVG Interactivity, Swatches, Symbols, Tools, Transform, Transparency, Type, Brush Libraries, Graphic Style Libraries, Swatch Libraries, Symbol Libraries : 체크 시 해당 팔레트를 표시하거나 숨기는 기능
- Untitled–1@100%(CMYK/Preview) : 작업 중인 도큐먼트 이외의 활성화되어 있는 다른 도큐먼트를 빠르게 실행가능

도움말(Help) 메뉴

PART 03 / 포토샵 CS3

Chap.01 포토샵 CS3 시작하기

Chap.02 이미지에 선택영역 지정하기

Chap.03 이미지 보정하기

Chap.04 예제로 포토샵 익히기

Chap.01 / 포토샵 시작하기

포토샵 소개

미국 어도비(Adobe)사가 개발한 사진편집 및 보정용 그래픽 프로그램으로 컴퓨터상에서 사진과 그림을 포함한 광범위한 이미지를 다룰 수 있는 2D 그래픽 프로그램이다.
원래 매킨토시 컴퓨터에서 영상 합성, 색상 분해, 컬러 그림 그리기 등에 사용하던 전문가용 소프트웨어였으나 이후 IBM PC를 위한 윈도용도 출하되면서 컴퓨터 그래픽 작업에 가장 기본이 되는 프로그램으로 자리 잡았다. 주된 기능은 이미지 리터칭(Image Retouching)으로 주로 상품 디자인, 편집디자인, 웹디자인 등에 많이 사용하는 전문적인 비트맵방식의 그래픽 프로그램이다.
1990년 2월 2.5버전으로 발표한 후, Adobe Photoshop 7.0 이후의 새로운 버전은 Adobe Photoshop CS라고 부르며, CS3는 버전으로는 10.0이다. CS는 Creative Suite의 약자로 Adobe 제품군 중 Adobe 전문 크리에이티브 애플리케이션이 제공하는 높은 수준의 통합성을 반영하기 위하여 Adobe의 디자인 및 레이아웃 도구를 통칭하는 새로운 버전 명칭이다.

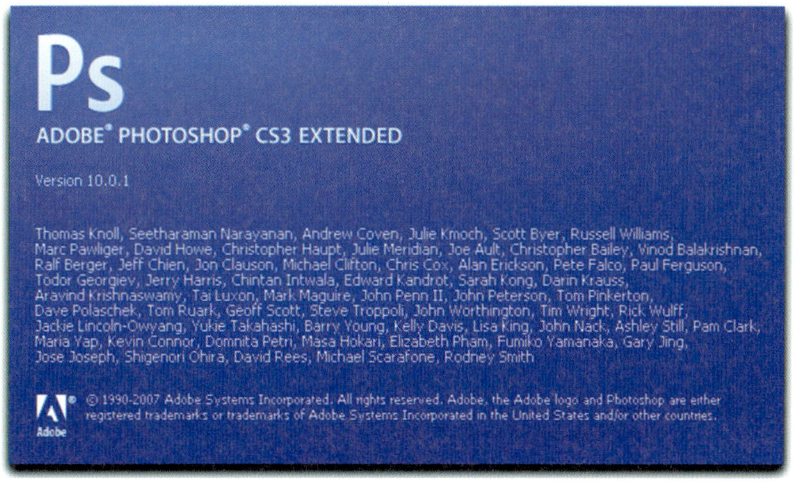

포토샵 CS3 기본 화면

❶ 메뉴 표시줄(Menu Bar)

메뉴 표시줄에는 10가지의 메뉴가 있고 메뉴별로 하위 메뉴를 제공하며, 메뉴 명을 클릭하면 하위메뉴가 나타난다. 이때 메뉴 명이 검은색인 것은 실행 가능하며, 회색인 메뉴는 조건이 맞지 않아서 실행이 불가능하다는 것을 의미한다.

❷ 옵션 바(Options Bar)

툴 박스에서 선택한 툴의 여러 가지 옵션들이 표시되며, 옵션을 사용자가 설정하여 이미지를 다양하게 편집할 수 있다.

❸ 툴 박스(Tools Box)

포토샵의 가장 중요하고 기본이 되는 도구들을 모아놓은 곳이다.

❹ 각종 팔레트

팔레트를 축소해서 아이콘만 보이게 한 것으로 사용할 때만 아이콘을 클릭하여 팔레트를 열거나 닫을 수 있다. 아이콘이 없는 팔레트는 [Window]메뉴에서 사용하고자 하는 메뉴 명을 클릭해서 보거나 감출 수 있고, 여러 가지 옵션을 사용자가 설정하여 이미지를 다양하게 편집할 수 있다.

※ 체크 표시가 된 메뉴들은 화면에 표시된다.

⑤ 상태표시줄

화면배율, 파일용량 등 작업에 필요한 정보를 제공한다.

포토샵 CS3 툴 박스(Tools Box)

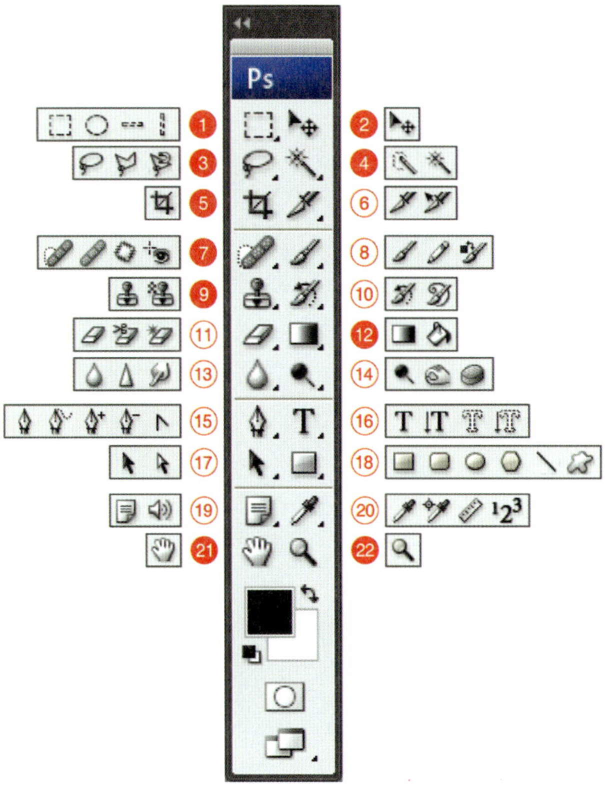

❶  사각형 선택/원형 선택/가로선 선택/세로선 선택 툴(Rectangular Marquee /Elliptical Marquee/Single Row Marquee/Single Column Marquee Tool)

- 사각형 선택 툴 – 이미지에서 사각형 모양으로 선택영역을 선택하는 툴
- 원형 선택 툴 – 이미지에서 원형 모양으로 선택영역을 선택하는 툴
- 가로선 선택 툴 – 가로로 한 픽셀에 해당하는 영역만 선택하는 툴
- 세로선 선택 툴 – 세로로 한 픽셀에 해당하는 영역만 선택하는 툴

❷  이동 툴(Move Tool)

선택영역의 이미지를 드래그해서 원하는 위치로 이동시키거나 다른 도큐먼트로 드래그해서 선택영역의 이미지를 다른 도큐먼트에 복사하는 툴

❸  올가미/다각형 올가미/자석 올가미 툴(Lasso/Polygonal Lasso/Magnetic Lasso Tool)

- 올가미 툴 – 드래그 방식으로 형태가 규칙적이지 않은 이미지를 선택하는 툴
- 다각형 올가미 툴 – 클릭 방식으로 이미지를 선택하기 때문에 직선적인 선택이나 다각형모양으로 선택하기에 적합한 툴
- 자석 올가미 툴 – 마우스로 드래그하면 이미지의 색상 경계면을 자동으로 감지하여 물체의 모양대로 선택하는 툴

❹ 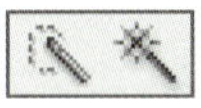 빠른 선택/마술봉 툴(Quick Selection/Magic Wand Tool)

- 빠른 선택 툴 – 브러시를 사용하는 것처럼 드래그 하여 선택 영역을 설정하는 툴
- 마술봉 툴 – 클릭하여 유사한 색상을 한꺼번에 선택할 수 있는 툴

❺  자르기 툴(Crop Tool)

이미지를 원하는 크기대로 사각형모양으로 자르는 툴

⑥  분할 /분할 선택 툴(Slice/Slice Select Tool)

- 분할 툴 – 웹상에 올리기 위해 큰 이미지를 분할하는 툴
- 분할 선택 툴 – 분할 툴로 분할된 이미지를 선택해 위치나 크기를 조절하는 툴

❼ 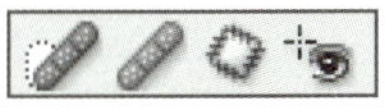 스팟 힐링 브러시/힐링 브러시/패치 툴/레이아이 툴(Spot Healing Brush /Healing Brush/Patch/Red Eye Tool)

- 스팟 힐링 브러시/힐링 브러시/패치 툴 – 이미지를 리터칭 하는 툴
- 레드아이 툴 – 적목현상(red eye effect)을 제거하는 툴

⑧  브러시/연필/색상 대체 툴(Brush/Pencil/Color Replacement Tool)

- 브러시 툴 – 스프레이를 뿌리는 효과로 이미지를 그릴 때 사용하는 툴
- 연필 툴 – 안티알리아싱 처리가 되지 않는 페인팅 툴로 거친 느낌의 이미지를 그릴 때 사용하는 툴
- 색상 대체 툴 – 원래 이미지의 질감과 명암은 그대로 보존하면서 색상만을 바꿔주는 툴

⑨  복제 도장/패턴 도장 툴(Clone Stamp/Patten Stamp Tool)

- 복제 도장 툴 – 특정 부분의 픽셀을 복제하여 다른 부분의 픽셀을 대체하는 툴
- 패턴 도장 툴 – 이미지에 패턴을 적용하는 툴로 선택영역 안의 이미지를 패턴 이미지로 등록해 복제하는 툴

⑩  히스토리 브러시/아트 히스토리 브러시 툴(History Brush/Art History Brush Tool)

- 히스토리 브러시 툴 – 리터칭 한 이미지에서 원하는 부분만 원본 이미지로 복원하는 툴
- 아트 히스토리 브러시 툴 – 이미지에 붓으로 그림을 그린 것 같은 효과를 적용할 수 있는 툴

⑪  지우개/배경 지우개/마술 지우개 툴(Eraser/Background Eraser/Magic Eraser Tool)

- 지우개 툴 – 지우고자 하는 특정 부분을 지울 때 사용하는 툴
- 배경 지우개 툴 – 옵션 바를 이용해 특정 색상만 제거하여 투명하게 만드는 툴
- 마술 지우개 툴 – 이미지의 특정 색상을 한꺼번에 지우는 툴

⑫  그레이디언트/페인트 통 툴(Gradient/Paint Bucket Tool)

- 그레이디언트 툴 – 한 색이 다른 색으로 부드럽게 단계를 거치면서 변해가는 그라데이션을 구현하는 툴
- 페인트 통 툴 – 이미지의 특정 영역을 전경색이나 패턴으로 채우는 툴

⑬  블러/샤픈/손가락 툴(Blur/Sharpen/Smudge Tool)

- 블러 툴 – 이미지의 특정부분을 흐리게 만드는 효과를 적용하는 툴
- 샤픈 툴 – 이미지의 특정부분을 선명하게 만드는 효과를 적용하는 툴
- 손가락 툴 – 이미지에 드래그하면 문지르는 효과가 적용되어, 원본이미지의 색상이나 형태를 변형 시킬 때 사용하는 툴

⑭  닷지/번/스펀지 툴(Dodge/Burn/Sponge Tool)

- 닷지 툴 – 이미지의 선택영역을 밝게 처리하고 싶을 때 사용하는 툴
- 번 툴 – 이미지의 선택영역을 어둡게 처리하고 싶을 때 사용하는 툴
- 스펀지 툴 – 이미지의 채도를 높이거나 낮출 수 있는 툴

⑮ 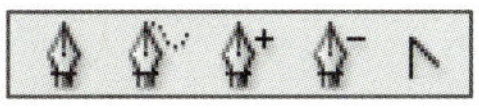 펜/자유곡선 펜/앵커 포인트 추가/앵커 포인트 삭제/앵커 포인트 전환 툴(Pen/Freeform Pen/Add Anchor Point/Delete Anchor Point/Convert Point Tool)

- 펜 툴 – 선택하고자하는 영역을 펜 툴을 이용해 이어진 패스의 형태를 만든 후, 패스 팔레트(Paths Palette)에서 loads path as a selection 버튼을 클릭하면 펜 툴로 만든 패스가 선택영역이 된다.
- 자유곡선 펜 툴 – 이미지 위에서 드래그해서 이어진 패스의 형태를 만들 후, 펜 툴과 동일한 방법으로 선택영역을 만든다.
- 앵커 포인트 추가 툴 – 이미 만들어진 패스에 포인트를 추가하는 툴
- 앵커 포인트 삭제 툴 – 이미 만들어진 패스에 있는 포인트를 삭제하는 툴
- 앵커 포인트 전환 툴 – 직선과 곡선의 패스를 서로 변환해주는 툴

⑯  수평방향 문자/수직방향 문자/수평방향 문자 마스크/수직방향 문자 마스크 툴(Horizontal Type/Vertical Type/Horizontal Type Mask/Vertical Type Mask Tool)

- 수평방향 문자 툴 – 글자나 숫자를 가로형태로 입력하는 툴
- 수직방향 문자 툴 – 글자나 숫자를 위에서 아래의 세로형태로 입력하는 툴
- 수평방향 문자 마스크 툴 – 입력한 글자가 가로형태의 선택영역으로 입력되는 툴
- 수직방향 문자 마스크 툴 – 입력한 글자가 위에서 아래의 세로형태의 선택영역으로 입력되는 툴

⑰  패스 선택/직접 선택 툴(Path Selection/Direct Selection Tool)

- 패스 선택 툴 – 이미 그려놓은 패스 전체를 선택하는 툴
- 직접 선택 툴 – 이미 그려놓은 패스를 부분적으로 선택하는 툴

⑱  셰이프 툴(Shape Tool)

사각형 툴, 둥근 사각형 툴, 원형 툴, 다각형 툴, 선 툴, 사용자 지정 셰이프 툴로 구성되어 있고 다양한 벡터 방식의 도형이나 기타 아이콘 형태의 도형을 그릴 때 사용하는 툴

- 사용자 지정 셰이프 툴(Custom Shape Tool) – 기본적으로 제공된 여러 가지 아이콘 형태의 도형들을 선택하여 사용할 수 있는 툴

⑲  노트/오디오 툴(Note/Audio Annotation Tool)

- 노트 툴 – 작업 시 중요한 내용을 기록하는 툴
- 오디오 툴 – 원하는 내용을 음성으로 기록하는 툴

⑳  스포이드/색상 샘플러/측정 툴(Eyedropper/Color Sampler/Measure Tool)

- 스포이드 툴 – 작업 중인 이미지에서 원하는 색상을 추출해내는 툴
- 색상 샘플러 툴 – 최대 4곳의 추출해낸 색상에 대한 정보를 제공하는 툴
- 측정 툴 – 이미지 내의 길이나 각도를 측정하는 툴

㉑  손 툴(Hand Tool)

도큐먼트를 이동하는 툴

㉒  돋보기 툴(Live Paint Selection Tool)

도큐먼트를 확대 또는 축소하는 툴

포토샵 CS3 팔레트(Palette)

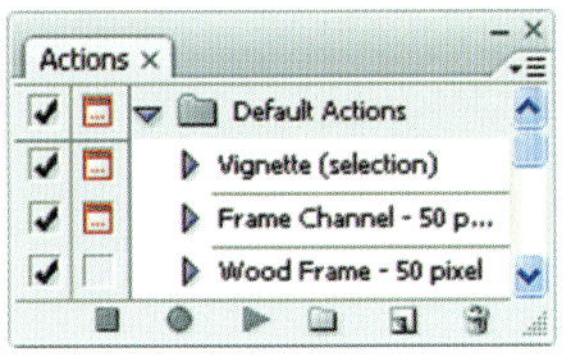

① 액션 팔레트(Actions Palette)

실행한 작업과정들을 순서대로 저장하여 나중에 반복 작업이 필요한 경우 저장된 액션 기능을 재생하면 한 번의 명령으로 동일한 작업 결과물을 생성할 수 있다.

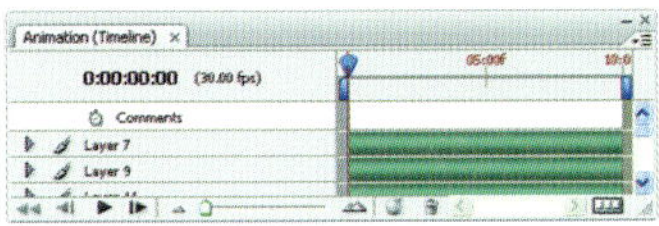

② 애니메이션 팔레트(Animation Palette)

이미지레디에 있는 기능이 포토샵에 추가된 것으로 움직이는 GIF 애니메이션을 만들 수 있는 팔레트로 애니메이션의 속도, 반복횟수, 트윈스, 프레임 생성 등의 옵션설정이 가능하다.

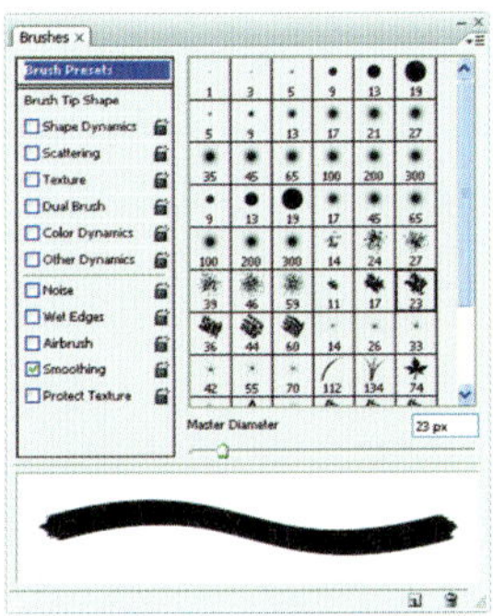

③ 브러시 팔레트(Brushes Palette)

브러시를 관리하고 포토샵이 기본적으로 제공하는 목록과 함께 브러시 선택 시 브러시의 지름, 각도, 강도, 브러시의 간격 등 정밀한 세부 설정을 할 수 있다.

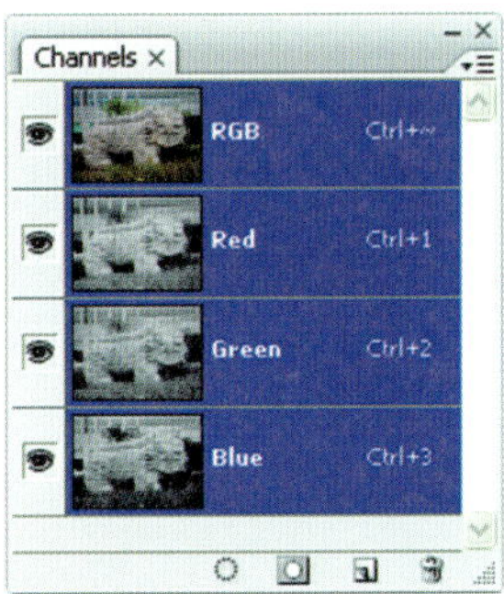

④ 채널 팔레트(Channels Palette)

작업 중인 이미지가 갖고 있는 색상 정보를 관리하기 쉽도록 표시하는 팔레트로 기본 채널은 작업 중인 이미지의 색상 모드에 따라 다르게 구성된다. 선택영역을 저장, 편집, 불러오는 기능이 있다.

⑤ 문자 팔레트(Character Palette)

서체의 종류, 스타일, 크기, 행간, 자간, 장평, 색상 등의 문자에 관한 여러 가지 속성을 조절할 수 있다.

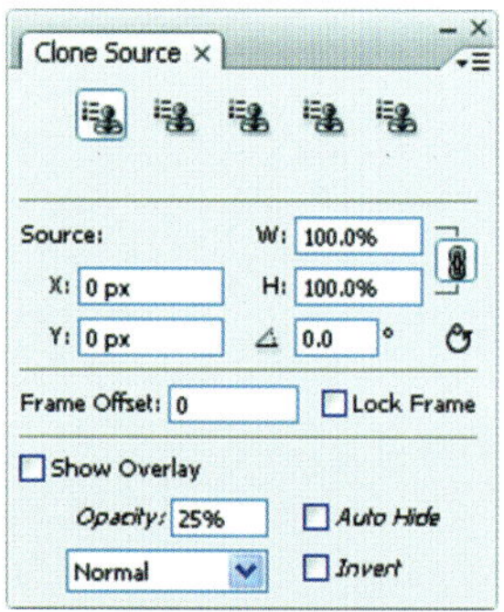

⑥ 복제 소스 팔레트(Clone Source Palette)

복제 도장 툴 사용 시 복제한 지점의 정보를 최대 5개까지 저장해 두고 사용가능하다.

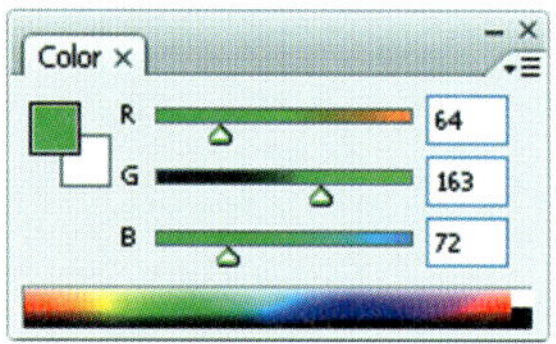

❼ 색상 팔레트(Color Palette)

전경색과 배경색의 색상 값이 표시되며 색상 팔레트의 슬라이더를 조절하거나 색상 수치값 직접 입력 또는 팔레트 아래쪽에 있는 색상 스펙트럼을 클릭하여 전경색이나 배경색을 선택할 수도 있다.

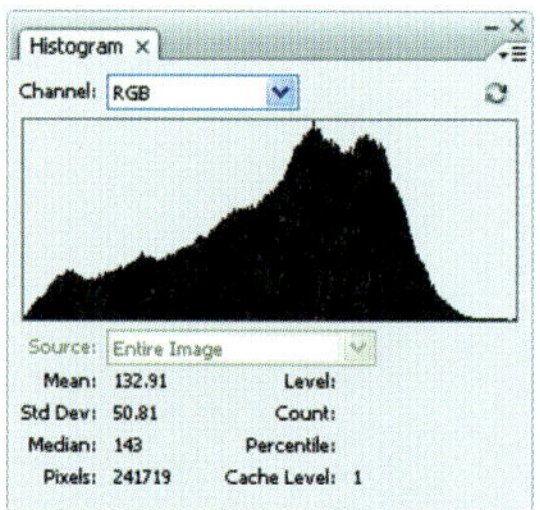

⑧ 히스토그램 팔레트(Histogram Palette)

이미지의 색상과 톤의 정보를 그래프 형식으로 보여주는 것으로 선택영역이 있을 경우 선택영역 안의 색상과 톤의 정보를 표시해 준다.

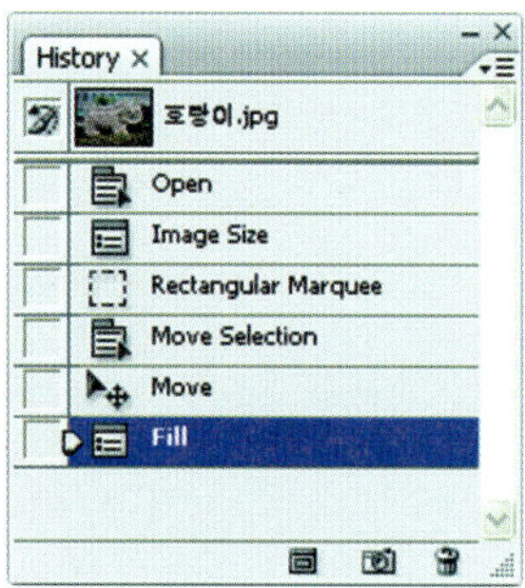

❾ 히스토리 팔레트(History Palette)

새로운 이미지(New) 및 이미지 열기(Open)부터 시작해서 작업한 내용들을 리스트형태로 기록한다. 원하는 작업 단계를 클릭하면 이미지가 그 작업단계로 되돌아간다.

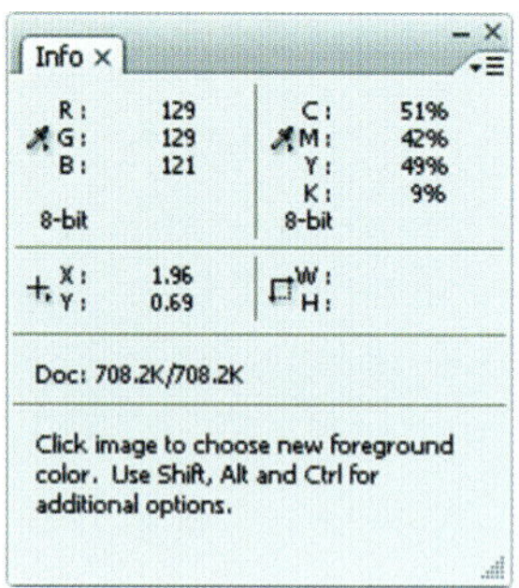

⑩ 정보 팔레트(Info Palette)

마우스가 위치한 부분의 좌표 및 이미지의 컬러 정보와 컬러 샘플러 정보, 파일의 용량 등의 정보를 보여준다.

⑪ 레이어 구성 팔레트(Layer Comps Palette)

이미지의 작업 상태를 저장하는 것으로 블랜딩 모드, 불투명도, 마스크, 레이어 스타일 등 레이어가 어떻게 구성되어있는지를 각각의 구성 레이어에 저장한다.

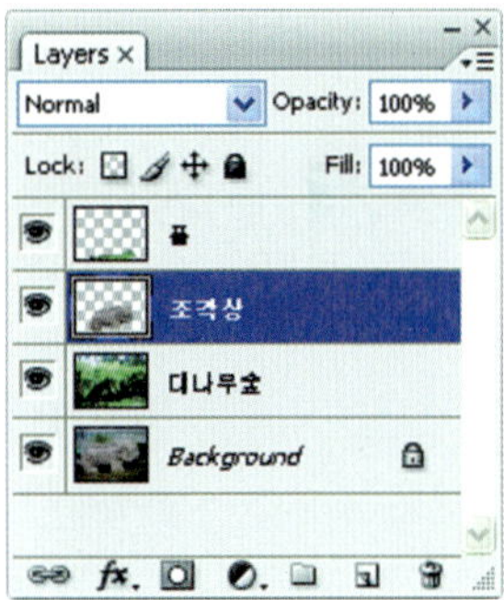

⑫ 레이어 팔레트(Layer Palette)

레이어를 관리하는 팔레트로 이미지 합성과 관리를 용이하게 해준다. 또한 레이어 블랜딩 모드(Blending Mode)와 레이어 병합기능, 투명도, 레이어 마스크 등을 이용해 다양한 이미지 효과를 얻을 수 있다.

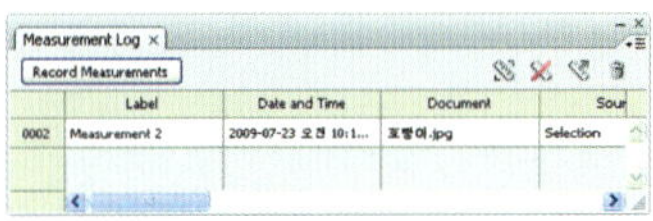

⑬ 측정 로그 팔레트(Measurement Log Palette)

올가미 툴, 빠른 선택 툴, 자동 선택 툴로 선택한 불규칙한 영역을 포함하여 눈금자 툴, 선택 툴로 정의한 영역을 측정할 수 있다. 높이, 폭, 넓이 및 주변 길이를 계산하거나 한 이미지 또는 여러 이미지를 측정할 수도 있다.

⑭ 네비게이터 팔레트(Navigator Palette)

도큐먼트의 이동, 화면을 확대 및 축소가 가능하다.

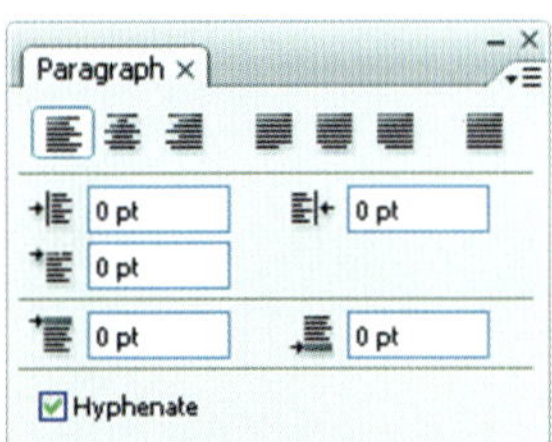

⑮ 패러그래프 팔레트(Paragraph Palette)

문자의 단락 속성 지정 및 문자의 정렬, 들여쓰기 등을 조절한다.

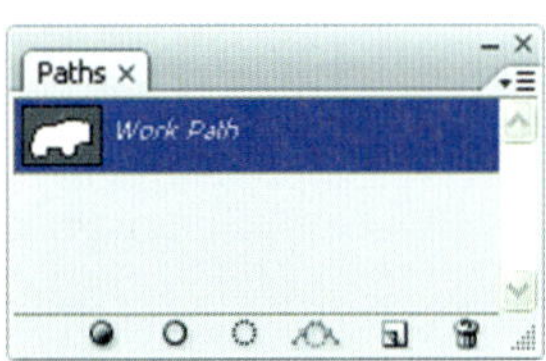

⑯ 패스 팔레트(Paths Palette)

벡터 관련 툴로 만든 패스를 관리, 편집한다. 패스를 선택영역으로 만드는 작업을 주로하며, 패스의 저장이 가능해 언제든지 다시 사용할 수 있다.

⑰ 스타일 팔레트(Styles Palette)

여러 가지 효과를 다양하게 만들어 등록시켜 놓은 것으로 이미지에 스타일을 적용할 때 사용한다. 직접 원하는 스타일을 만들어 등록시켜 사용할 수 있다.

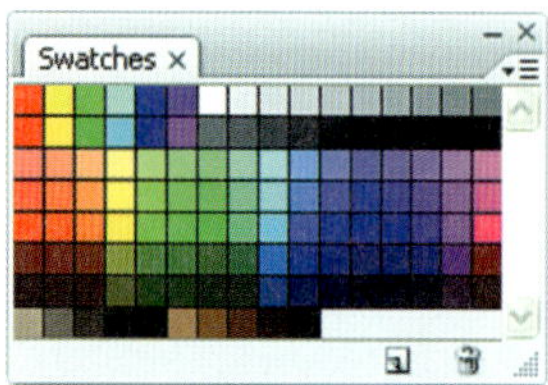

⑱ 스와치 팔레트(Swatches Palette)

자주 사용하는 색상을 저장시켜 놓고 원할 때 사용할 수 있다.

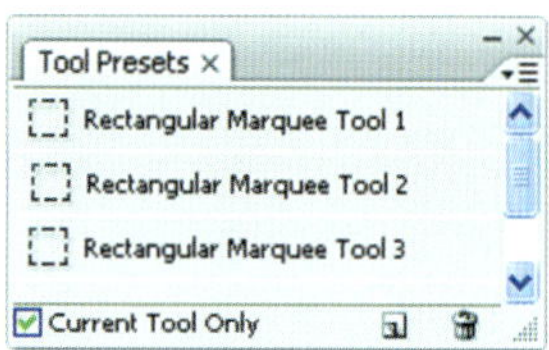

⑲ 툴 프리셋 팔레트(Tool Presets Palette)

자주 사용하는 툴의 옵션 바 설정, 기타 설정 값을 저장해서 언제든지 해당 툴을 선정한 그대로 사용할 수 있다.

새 도큐먼트 만들기

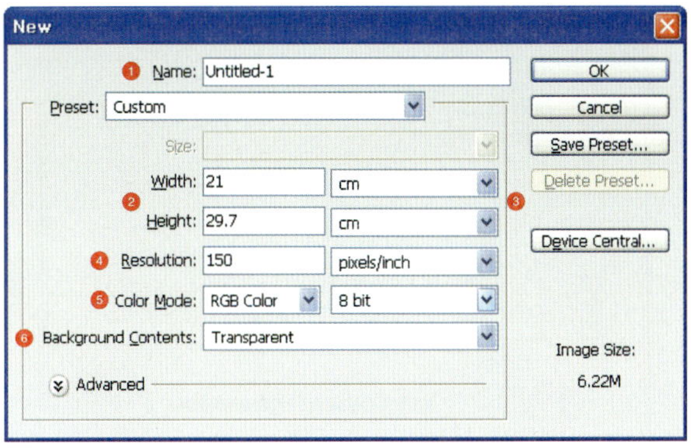

1. Name : 도큐먼트의 파일명을 입력한다.
2. Width & Height : 가로 및 세로수치를 입력하여 아트보드의 크기를 설정한다.
3. Units : 표준단위를 설정한다.
4. Resolution : 해상도를 설정한다.
5. Color Mode : 색상모드를 설정한다. (인쇄용일 경우 CMYK, 화면용일 경우 RGB 선택)
6. Background Contents : 배경색상을 설정한다.

파일 열기

[File]메뉴의 [Open]메뉴를 선택하거나 도큐먼트 바닥을 마우스로 더블클릭하면 Open창이 표시된다.

작업파일 저장하기

- 새로운 파일의 경우 : [File]메뉴의 [Save] 또는 [Save as]메뉴 선택 시 Save As 창이 표시된다.
- 기존 파일의 경우 : [File]메뉴의 [Save]메뉴를 선택하면 바로 저장되고, [Save as]메뉴 선택

시에는 Save As 창이 표시되어 다른 이름으로 저장할 수 있다.

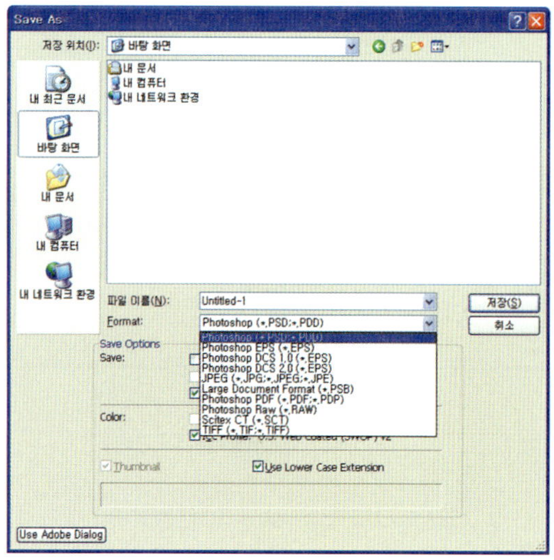

PSD(포토샵 전용 파일 형식)

포토샵에서 지원하는 모든 정보(모든 색상모드, 가이드라인, 문자 레이어, 투명 레이어, 채널, 패스 등)를 저장할 수 있다. 상대적으로 용량이 크고 타 그래픽 프로그램과는 호환이 불가능하다.

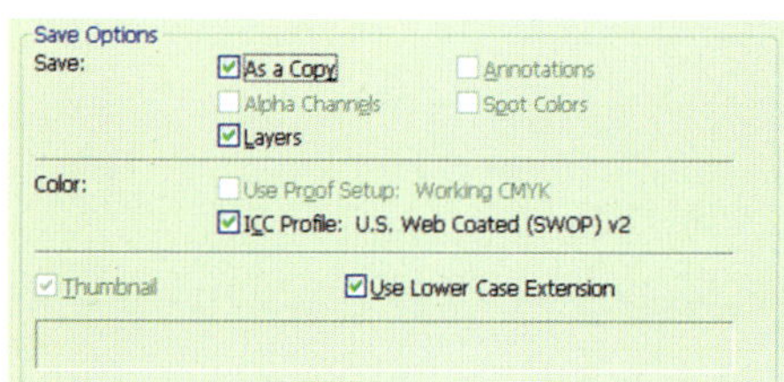

- As a Copy : 작업 중인 파일은 열어두고 복사본만을 저장
- Layers : 모든 레이어 저장
- Thumbnail : 미리보기 이미지 저장
- Use Lower Case Extension : 파일의 확장자명을 소문자로 저장

JPG(가장 많이 사용하는 파일 형식)

풀컬러를 지원하고 이미지를 압축된 형태로 저장하는 방식으로 손실압축방식이므로 압축률을 높이면 이미지의 품질이 떨어지는 단점이 있다.

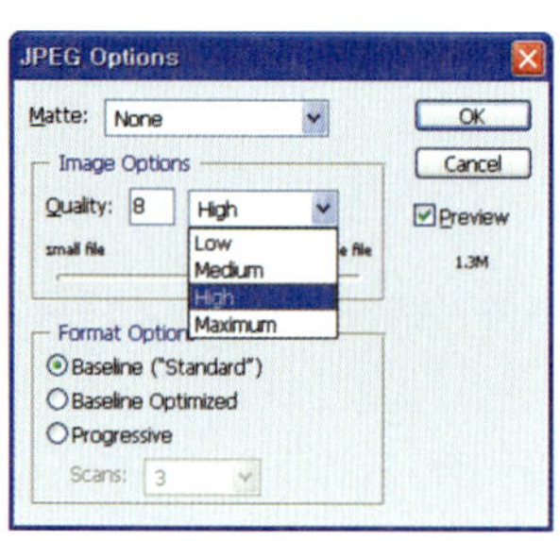

- Quality : 이미지 품질은 0~12까지 선택가능하고 0으로 갈수록 용량은 작아지지만 이미지의 품질이 떨어진다.
  Low=3, Medium=5, High=8, Maximum=10

작업화면 확대, 축소하기

포토샵 화면의 최대 확대비율은 3200%로 정밀한 작업을 할 경우에는 작업 화면을 확대한 후 작업하는 것이 좋다. 돋보기 툴(Zoom Tool) /보기(View)메뉴/내비게이터 팔레트(Navigator Palette) 이용한 확대, 축소의 방법은 일러스트레이터와 동일(48page 참조)하다.

보기(View)메뉴를 이용한 확대, 축소 중 실사이즈로 보기(Actual Size)의 단축키는 일러스트레이터는 Ctrl + 1 키이지만, 포토샵은 Ctrl + Alt + 1 키이다.

작업화면 이동하기

작업화면 이동방법은 일러스트레이터와 동일하다. (45page 참조)

툴 박스에서 숨겨진 툴 보기

툴 박스에서 삼각형 모양◢이 하단에 있는 아이콘의 경우 현재 보이는 툴 이외에도 가려진 툴들을 가지고 있다는 것을 의미한다. 아이콘을 클릭하고 있으면 가려진 아이콘들이 나타난다. 포토샵의 툴 박스는 일러스트레이터와는 달리 별도의 툴 박스로 분리되지 않는다.

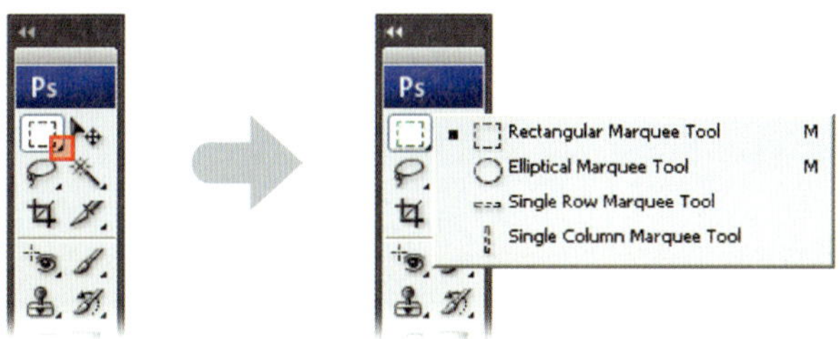

숨겨진 메뉴 보기

메뉴표시줄의 10개의 메뉴들은 하단의 [Show All Menu Items]메뉴를 클릭하면 메뉴의 모든 하위메뉴를 보여준다.

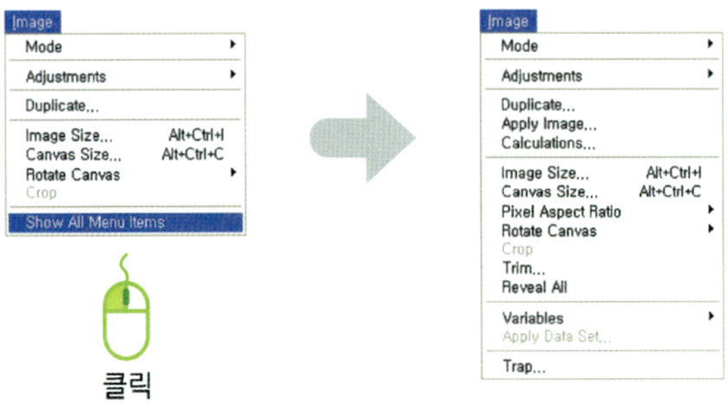

툴 박스와 팔레트 숨기기와 보이기

일러스트레이터와 동일하다. (46page 참조)

화면모드(Screen Mode) 설정하기

일러스트레이터와 동일하다. (47page 참조)

자(Rulers)와 그리드(Grid), 가이드라인(Guides Line)

- 자(Rulers) 보이기 및 숨기기 : [View]→[Show/Hide Rulers]메뉴를 체크한다.
- 그리드(Grid) 보이기 및 숨기기 : [View]→[Show]→[Grid]메뉴를 체크한다.
- 가이드라인(Guides Line) – 안내선 역할
  - 보이기 및 숨기기 : 가로 가이드라인은 왼쪽 자에서, 세로 가이드라인은 상단 자에서 원하는 위치까지 드래그 한다.
  - 잠그기 : [View]→[Lock Guides]메뉴를 체크한다.
  - 이동하기 : 이동 툴 을 이용하여 원하는 위치까지 드래그 한다.
  - 삭제하기 : [View]→[Guides]→[Lock Guides]메뉴상태를 해제한 후 이동 툴 로 가이드라인을 선택하고 가로 가이드라인은 왼쪽 자로, 세로 가이드라인은 상단 자로 이동한다.

히스토리 팔레트의 작업내역 저장개수 늘리기

포토샵 설치 시에 히스토리 팔레트는 기본적으로 20단계까지만 작업내역을 저장하게 설정되어 있다. 이로인해 작업과정이 20단계를 넘어서게 되면 처음 단계의 작업내역들이 리스트의 순서대로 사라져서 되돌리기와 같은 기능을 사용할 수 없게 된다. 이러한 현상을 방지하기 위해 히스토리 팔레트의 작업내역 저장개수를 늘려주는 것이 좋다.

설정을 수정하는 방법은 [Edit]→[Preferences]→[Performance]메뉴를 선택하면 옵션 창이 나타나고 History & Cache 항목의 History States의 수치를 원하는 만큼 조절하면 된다.

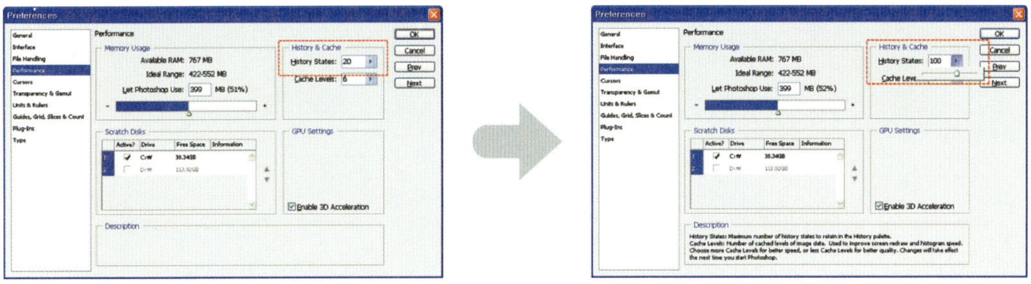

설정은 1~1000까지 가능하지만 히스토리의 수치가 높아지면 메모리의 저장량이 많아져서 컴퓨터가 느려지는 현상이 발생하게 되므로 컴퓨터의 사양을 고려하여 적당히 설정해야 한다.

전경색(Foreground Color)과 배경색(Background Color)

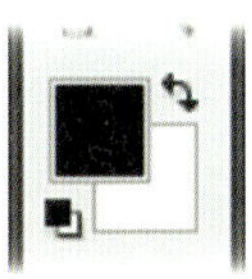

- 전경색 : 앞쪽에 위치한 색상으로 브러시 툴 등을 이용한 채색작업 시에 이미지에 표시되는 색상
- 배경색 : 뒤쪽에 위치한 색상으로 지우개 툴 등을 이용한 이미지 제거 시에 표시되는 색상

Chap.02 / 이미지에 선택영역 지정하기

선택 툴(Marquee Tool) 로 선택영역 지정하기

이미지의 원하는 위치에서 클릭해서 원하는 크기가 될 때까지 드래그를 해서 선택영역을 지정할 수 있다.

▲ Rectangular Marquee Tool

▲ Elliptical Marquee Tool

- Shift 키를 누른 상태에서 드래그를 하면 정사각형(정원) 모양의 선택영역을 지정할 수 있다.
- Alt 키를 누르면서 드래그를 하면 클릭한 지점을 중심으로 퍼져나가면서 선택영역을 지정할 수 있다.
- 드래그를 하는 과정에서 Space Bar 키를 누르면 선택영역의 위치이동이 가능하다.
- 선택영역을 해제하기 : 선택영역 이외의 이미지 부분을 클릭하거나 Ctrl + D 키를 누르면 된다.
- 선택영역 반전하기 : 현재 선택영역을 반전하고자 할 때는 [Select]→[Invert]메뉴를 선택하면 된다.

올가미 툴(Lasso Tool) 로 선택영역 지정하기

올가미 툴(Lasso Tool) 은 자유곡선 형태의 선택영역을 지정할 때 사용하는 툴로 드래그 방식이기 때문에 정밀한 선택영역의 지정은 힘들다. 이에 반해 다각형 올가미 툴(Polygonal Lasso Tool) 은 클릭 방식으로 클릭지점과 클릭지점을 이어서 이미지를 선택하기 때문에 직선적인 선택이나 다각형모양의 선택 및 정밀한 선택이 가능하다.
다각형 올가미 툴 은 처음 클릭지점으로 돌아와서 클릭을 하거나 도중에 더블클릭을 하게 되면 선택영역이 지정된다.

다각형 올가미 툴은 클릭을 하는 과정에서는 되돌리기 기능(Ctrl+Z)이 실행되지 않는다. 클릭을 하는 과정에서 실수했을 경우에는 ← 키를 누르면 잘못 클릭한 부분이 취소된다.

Tip 선택영역의 선택하기 옵션

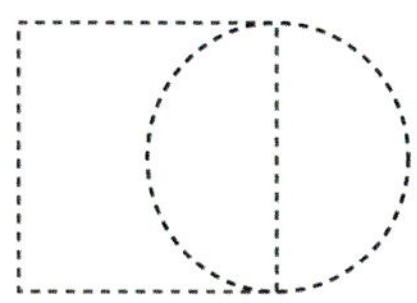

선택하기 옵션	결 과	
새로 선택하기 기존 선택영역이 사라지고 새로운 선택영역 지정된다.	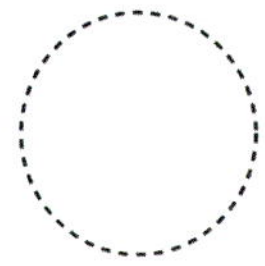	
더하기 기존 선택영역에 새로운 선택영역이 더해진다.	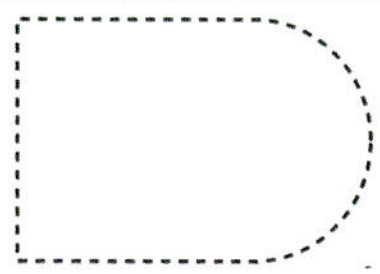	새로 선택하기 상태에서 + Shift 키
빼기 기존 선택영역에서 새로운 선택영역이 빼진다.	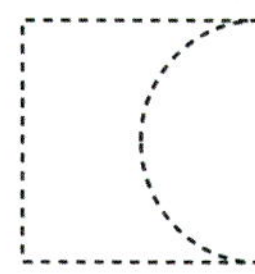	새로 선택하기 상태에서 + Alt 키
교차하기 기존 선택영역과 새로운 선택영역의 교차부분만 남는다.		새로 선택하기 상태에서 + Shift + Alt 키

마술봉 툴(Magic Wand Tool) 로 선택영역 지정하기

이미지의 특정부분을 클릭하면 이미지의 색상을 구별해서 클릭한 부분과 유사한 부분의 색상을 자동으로 선택영역을 만들어 주는 툴로 색상구분이 명확한 이미지에서 선택영역을 지정할 때 사용하는 것이 좋다.

옵션 바의 Tolerance: 32 는 유사한 색상의 범위를 판단하는 수치로 최대값은 255이다. 수치가 높을수록 색상을 유사하게 판단하여 선택영역이 넓어지게 된다.

▲ Tolerance 32

▲ Tolerance 150

Tip 선택영역의 Feather값 및 Anti-alias  옵션

Feather값

- 선택영역의 외곽부분을 수치만큼 부드럽게 선택해 준다.
- 옵션 바에서 먼저 Feather 값을 입력한 후 드래그를 하면 되고, 이미 선택영역이 지정되어 있는 경우에는 [Select]→[Modify]→[Feather]메뉴를 선택해서 설정하면 된다.

▲ Feather 0pt

▲ Feather 20pt

Anti-alias 체크 시

- 외곽 부분에 비슷한 컬러 톤의 여러 색상으로 부드럽게 처리해주어 계단현상을 막아준다.
- 사각형 선택 툴 에서는 사용할 수 없다.

빠른 선택 툴(Quick Selection Tool) 로 선택영역 지정하기

이미지에서 선택하고자 하는 부분에 그림을 그리듯이 드래그를 하면 자동으로 이미지의 색상을 구별해서 선택영역이 지정된다. 브러시 형태방식으로 선택영역을 지정하므로 브러시 옵션 창을 이용해서 브러시의 크기(Diameter), 가장자리의 부드러운 정도(Hardness), Feather값을 조절할 수 있다. Shift 키를 누르고 드래그를 하면 선택영역이 추가되고 Alt 키를 누르고 드래그를 하면 겹친 부분의 선택영역이 제외된다.

Tip 브러시 크기 조절하기

[키를 누르면 브러시의 크기가 커지고,] 키를 누르면 작아진다.

퀵마스크 모드(Quick Mask Mode) 로 선택영역 지정하기

퀵마스크 모드는 선택 툴과 올가미 툴로는 선택하기 힘든 복잡한 이미지나 섬세한 부분을 정밀하게 선택영역으로 지정해야 할 때 사용한다.

01 선택 툴을 이용해서 이미지에서 선택하고자 하는 부분에 적당히 선택영역을 지정한다.

02 툴 박스의 일반 모드(Standard Mode) 버튼을 클릭하면 퀵마스크 모드(Quick Mask Mode) 가 실행되면서 **01** 과정에서 지정한 선택영역이 반투명의 붉은색으로 바뀐다.

01

02

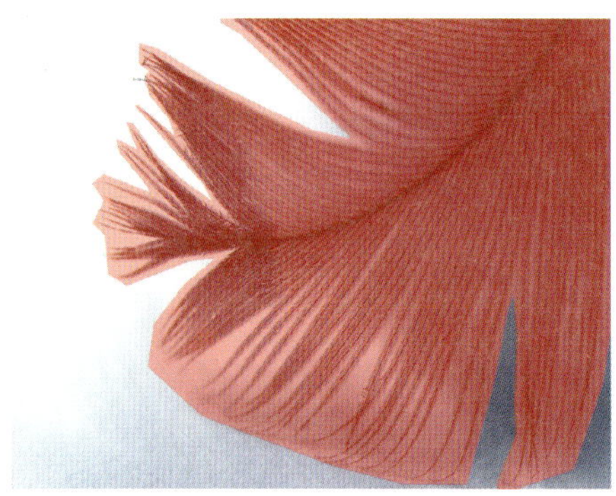

03 선택할 부분의 이미지를 확대해서 브러시 툴(Brash Tool) 을 이용해서 선택할 부분은 칠하고 선택영역에서 제외할 부분은 지우개 툴(Eraser Tool) 을 이용해서 지운다.

03

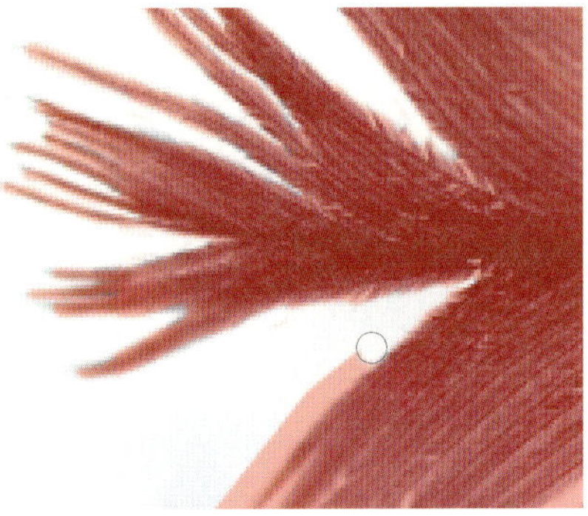

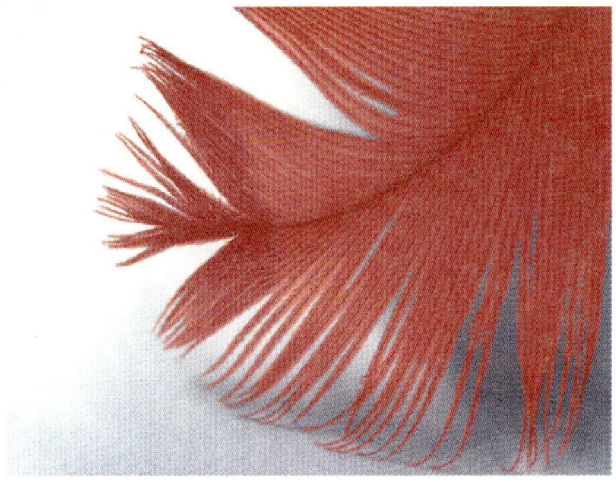

04 선택할 부분이 제대로 칠해져 있는지 꼼꼼히 확인한 후 툴 박스의 퀵마스크 모드 [◉]버튼을 클릭해서 일반 모드 [◯]로 돌아오면 칠한 부분이 선택영역으로 지정된다.

04

Tip 퀵마스크 모드 [◉] 옵션 창

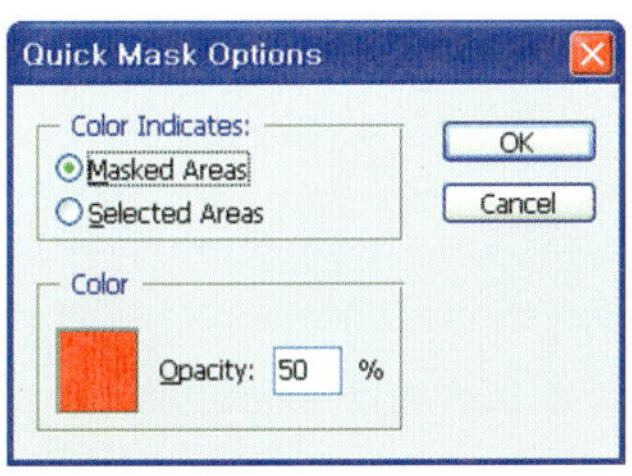

퀵마스크 모드 [◉]버튼을 더블클릭하면 옵션 창 표시

- Masked Areas : 칠해지지 않은 영역이 선택영역으로 지정
- Selected Areas : 칠해진 영역이 선택영역으로 지정
- Color : 칠해지는 부분의 색상과 투명도 조절

Tip 이미지 이동하기

툴 박스의 이동 툴(Move Tool) 을 이용하면 이미지를 이동시킬 수 있다. 다른 도큐먼트로 드래그를 하면 이미지가 레이어의 형태로 복사된다.

- 선택영역 지정 시 : 선택영역안의 이미지를 이동
- 선택영역이 없을 때 : 선택 레이어의 전체 이미지를 이동

- 이미지를 이동시킬 때 Alt 키를 누른 채 드래그를 하면 이미지가 복제된다.

Tip 이미지 자르기

툴 박스의 자르기 툴(Crop Tool) 을 이용하면 이미지를 원하는 부분만 남기고 불필요한 부분은 잘라버릴 수 있다.

- 자르기 영역의 조절은 바운딩 박스의 조절방법과 동일하며, 자르기 영역을 지정한 후 선택영역 안에서 더블클릭하거나 Enter 키를 누르면 실행된다.

Chap.03 / 이미지 보정하기

[Variations]메뉴

색상의 명도, 채도 조정 및 색상 추가 등의 [Adjustments]메뉴의 대부분의 기능들을 조정할 수 있고, 원본 이미지(Original)와 조정 값 적용으로 변경된 이미지(Current Pick)을 비교할 수 있는 미리보기 화면을 제공하기 때문에 초보자에게 매우 유용한 메뉴이다.

1. 미리보기 화면
2. 이미지를 밝기 영역(Shadows, Midtones, Highlights, Saturation)별로 세부 조정을 할 수 있다. Saturation항목 선택 시에는 이미지의 채도를 추가 및 감소시킬 수 있다.
3. 이미지의 색상을 추가지의 색반대 색상을 추가해서 색상 균형을 조정한다. 적용정도는 Fine쪽으로 조정하상을약하게, Coarse쪽으로 조정하상을강지게 적용된다.

반대 색상들

[More Cyan]	↔	[More Red]
[More Yellow]	↔	[More Blue]
[More Magenta]	↔	[More Green]

4. 이미지의 명도를 조정한다.

Tip

각각의 옵션 값을 조정하는 과정에서 Alt 키를 누르면 Cancel 버턴이 Reset 버튼으로 변경된다. Reset 버튼을 클릭하면 지금까지 적용한 각각의 조정 값을 초기화 할 수 있다.

자동조정 메뉴

[Image]→[Adjustments]메뉴의 [Auto Levels], [Auto Contrast], [Auto Color]메뉴를 실행하면 자동으로 이미지의 레벨, 대비, 색상 균형을 조정할 수 있다.

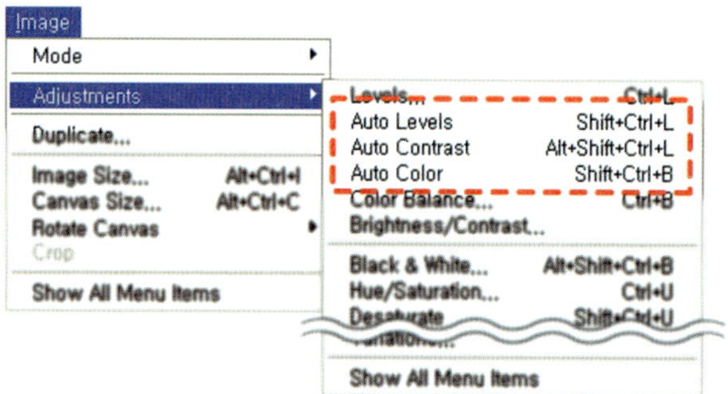

[Auto Level]메뉴

이미지의 전체적인 색상과 밝기를 고려하여 적정한 값으로 Level 명령을 자동으로 조정한다. 이미지의 전체적인 명도, 대비가 최적의 상태로 설정된다.

[Auto Contrast]메뉴

Auto Level 명령과 비슷하지만 이미지의 명도만을 보정해 주는 것으로 이미지의 전체적인 대비를 최적의 상태로 조정하여 준다.

[Auto Color]메뉴

이미지의 색상을 자동으로 조정해 주는 기능으로 기본 입력된 값에 따라 이미지의 명암이나 색상을 보정한다.

이미지의 명도 조정하기

[Level]메뉴

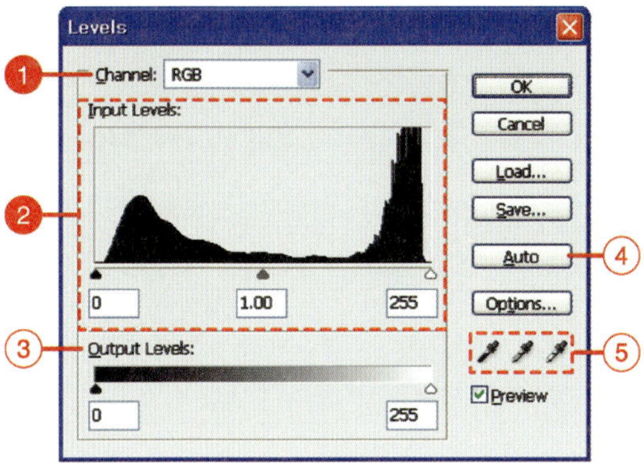

1. Channel : 보정할 이미지의 채널을 선택한다.
2. Input Levels : 수치 값을 직접 입력하거나 각각의 슬라이더를 움직여서 명도를 조정한다.
   ▲ – 어두운 톤 / ▲ – 중간 톤 / △ – 밝은 톤 영역을 조절
3. Output Levels : 색상 톤 구성과 관계없이 이미지 전체의 명도를 조정할 수 있다.
4. Auto : 이미지의 명도 대비를 자동으로 설정한다.
5. 색상 스포이드 : 스포이드로 선택한 픽셀을 기준으로 명도가 재조정된다.
   - [Set Black Point] : 선택한 픽셀이 이미지의 가장 어두운 단계가 된다.
   - [Set Gray Point] : 선택한 픽셀이 이미지의 중간 단계가 된다.
   - [Set White Point] : 선택한 픽셀이 이미지의 가장 밝은 단계가 된다.

Output Levels는 이미지의 채도를 낮추기 때문에 가급적 사용하지 않는 것이 좋다.

[Brightness/Contrast]메뉴

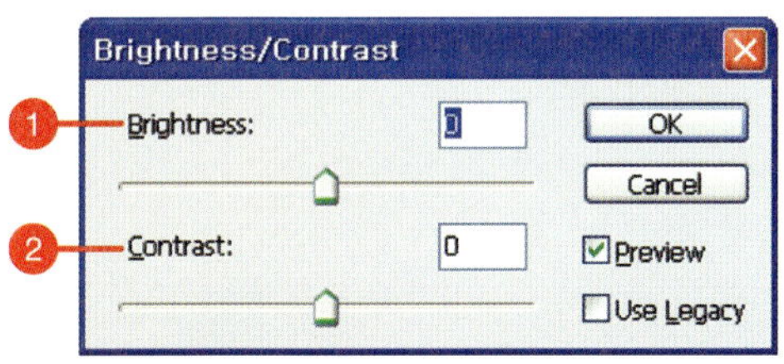

1. Brightness :
   이미지의 명도를 조정한다.
2. Contrast :
   대비를 통해 이미지를 선명하게 보정한다.

[Curves]메뉴

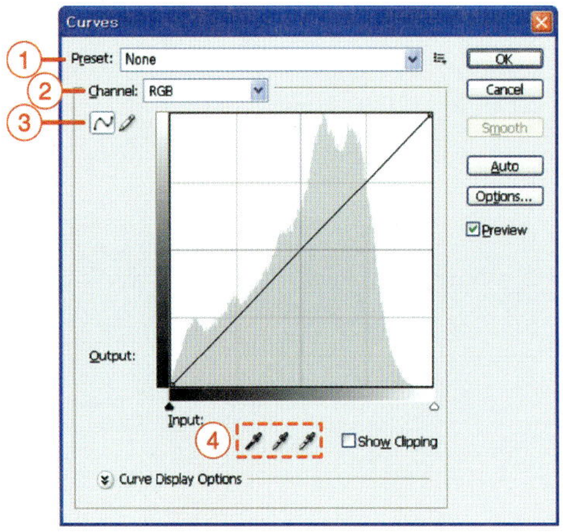

① Preset : 미리 설정된 값들을 통해 이미지를 보정할 수 있다.

② Channel : 보정하고자 하는 채널만 선택하여 색상을 조절할 수 있다.

③ 패스와 연필 버튼 : 연필 버튼을 클릭하면 사용자가 직접 그래프를 그려 넣을 수 있다.

④ Auto 및 색상 스포이드 : [Level]메뉴와 동일하다.

이미지의 색상 균형 조정하기

[Color Balance]메뉴

수치 값을 직접 입력하거나 보색의 색상 슬라이더를 움직여서 색상 균형을 조정할 수 있다.

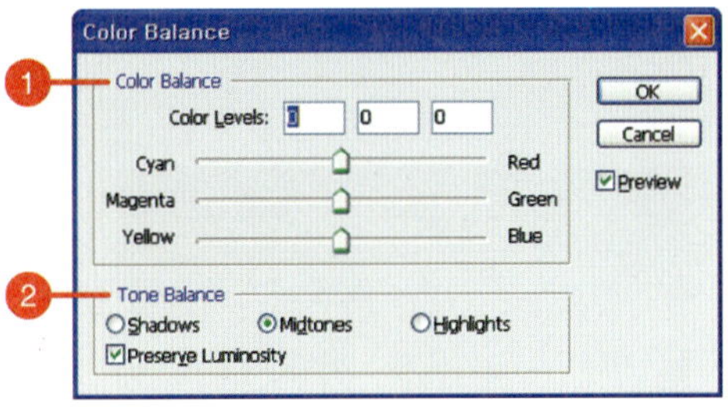

① Color Levels : 보색의 컬러 슬라이드 바를 이동하여 색상을 조정한다.

② Tone Balance : 색상 균형을 조정할 톤을 선택할 수 있다. Preserve Luminosity을 체크하면, 이미지의 명도와 대비는 유지된 채 색상만 조정할 수 있다.
Shadows – 어두운 톤 컬러 조정 / Midtones – 중간 톤 컬러 조정 /
Highlights – 밝은 톤의 컬러 조정

이미지의 색상 변경하기

[Hue/Saturation]메뉴

이미지의 색상, 채도, 명도를 한꺼번에 조정할 수 있다.

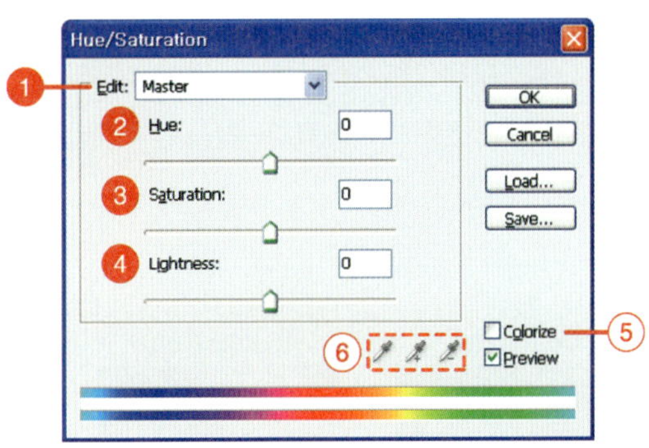

① Edit : 보정하고자 하는 색상을 선택한다. Master 선택 시 이미지 전체의 색상을 보정한다.

② Hue : 색상을 보정한다.

③ Saturation : 채도를 조정한다. 값이 –100이 되면 흑백이미지가 된다.

④ Lightness : 명도를 조정한다.

⑤ Colorize : 체크하고 Hue를 이동시키면 다양한 컬러의 모노톤 이미지를 얻을 수 있다.

⑥ 보정할 색상 영역을 스포이드를 찍어 확장하고, 축소할 수 있다. 단, Edit가 Master상태에서

는 사용할 수 없다.

- 이미지의 특정 색상을 선택하여 그 색상이 포함되어 있는 영역만을 수정

- 또 다른 색상을 영역에 포함

- 선택된 색상을 영역에서 제외

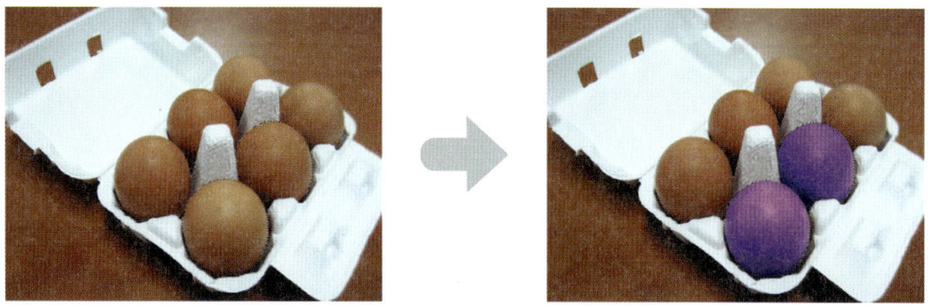

▲ Hue값 –100 적용

[Replace Color]메뉴

변경하려는 색상 영역을 직접 선택하여 색상과 채도, 명도를 조절할 수 있다.

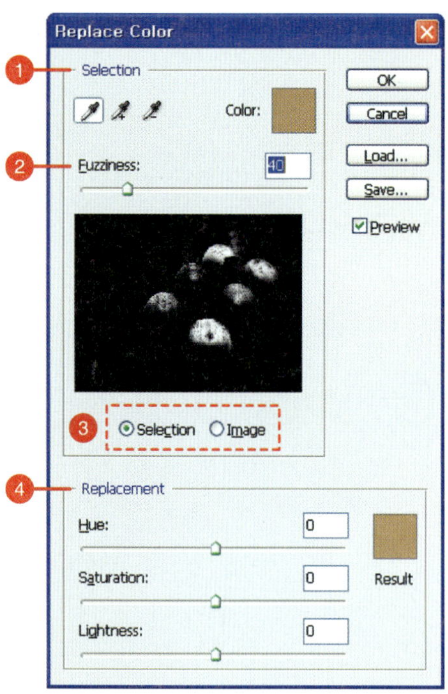

1 Selection : 변경할 색상을 선택한다.

- 색상 영역 추가

- 불필요한 색상 영역 삭제

2 Fuzziness :

슬라이더를 드래그해서 선택한 색상 영역을 확장하거나 축소한다. 수치가 높을수록 확장한다.

3 Selection vs Image

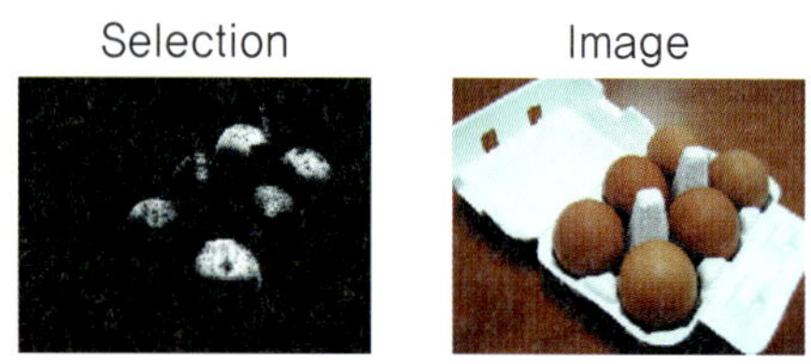

음영으로 선택 영역 표시 / 실제 이미지 표시

4 Replacement : 선택한 색상 영역의 색상, 채도, 명도를 조정하여 변경할 수 있다. Result에서 변경될 색상을 미리 확인할 수 있다.

[Selective Color]메뉴

이미지에서 특정한 색상을 변경할 수 있다.

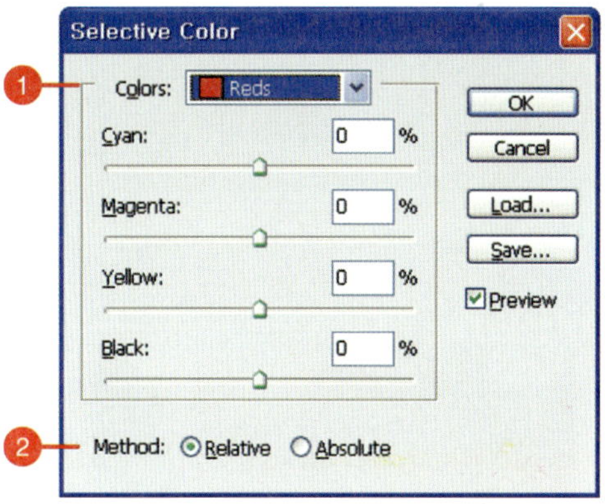

❶ Colors : 선택상자에서 색상(Reds, Yellows, Greens, Cyans, Blues, Magentas, Whites, Neutrals, Blacks)을 선택하고 Cyan, Magenta, Yellow, Black의 색상 값을 조정해서 색상을 변경할 수 있다.

❷ Method : Relative(상대적인) – 선택된 색상에서 원하는 색을 더하거나 빼준다.
Absolute(절대적인) – 선택된 색상을 설정된 색상으로 바꿔준다.

[Channel Mixer]메뉴

채널 색상을 혼합해서 이미지 색상을 변경할 수 있다.

흑백이미지 만들기

[Black & White]메뉴

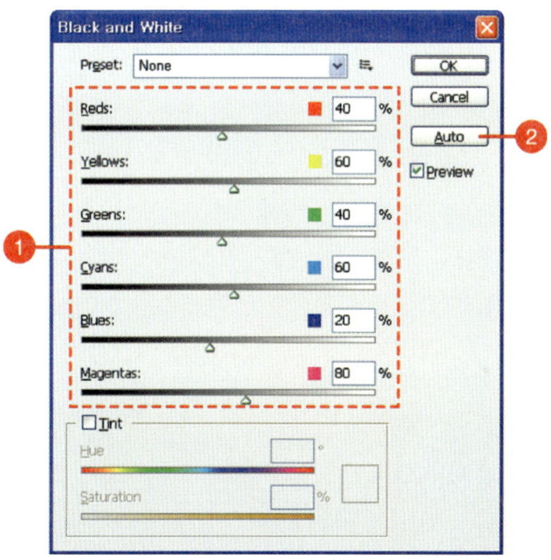

❶ 색상계열(6가지)
각 슬라이드 바를 이동시키면 해당 계열의 색상이 흑백사진에서 진하게 또는 연하게 적용된다.

❷ Auto :
클릭하면 자동으로 자연스런 색상의 흑백 이미지로 표현한다.

Tip
색상계열의 옵션 창의 슬라이드 바를 이동시키지 않고 이미지 위에서 마우스로 직접 좌우로 드래그해도 해당계열의 색상농도를 조정할 수 있다.
(왼쪽으로 드래그 - 연하게 / 오른쪽으로 드래그 - 진하게)

[Desaturate]메뉴

이미지의 채도를 낮춰서 흑백 이미지를 만든다. 이미지의 속성을 변경하는 것이 아니라 채도만 낮춘 것이기 때문에 계속해서 컬러 색상을 사용할 수 있다.

Tip 흑백 이미지 비교

	Grayscale 모드	[Black & White] 이미지 [Desaturate] 이미지
	이미지의 색상 정보를 삭제해서 흑백 이미지로 변경	이미지의 색상 정보를 유지한 상태에서 흑백 이미지로 표현
색상 정보	없음	있음
컬러 채색	채색 불가능	채색 가능
히스토리 브러시	사용 불가능	사용 가능

기타 이미지 보정 메뉴

[Match Color]메뉴

색상 톤이 서로 다른 이미지의 색상 톤을 동일하게 조정할 수 있다. 단, RGB 모드에서만 적용가능하다.

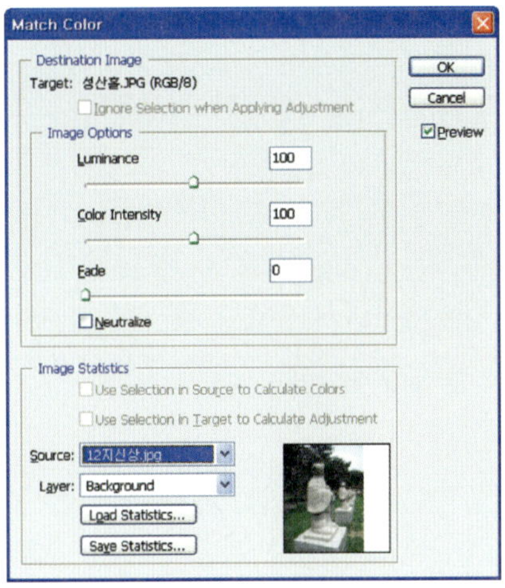

- Destination Image :
  색상 톤을 맞추기 위한 이미지를 선택한다.
- Luminance : 명도를 조정한다.
- Color Intensity : 색상의 강도를 조정한다.
- Fade : 색상 톤의 부드러운 단계를 조정한다.
- Neutralize :
  체크하면 적용할 이미지의 색상이 중간톤으로 적용되고, 체크하지 않으면 변경하고 싶은 이미지의 색상에서 가장 많이 차지한 색상을 추출하여 원본 이미지에 적용한다.
- Image Statistics : 변경하고 싶은 색상의 이미지를 선택한다.

[Gradient]메뉴

메뉴 선택 시 옵션 창이 나타나면서 자동으로 채도를 잃게 되고 그레이디언트 색상이 이미지의 명도를 기준으로 적용된다. 이미지의 어두운 영역에는 좌측 색상이, 밝은 부분에는 우측 색상이 적용된다.

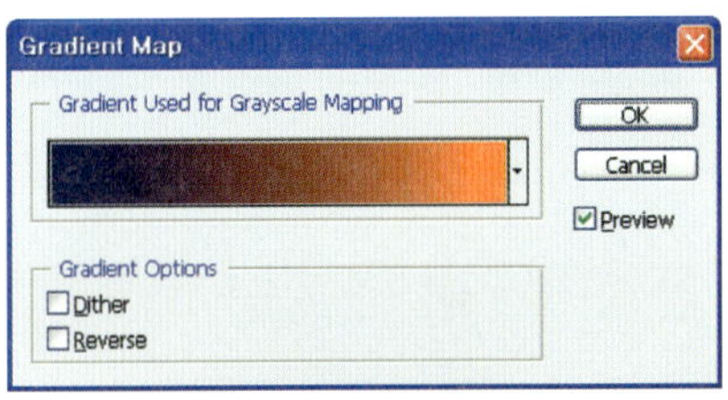

- Dither :
  체크 시 색상 톤의 단계가 부드럽게 적용된다.
- Reverse : 체크 시 그레이디언트의 방향을 반전시켜 적용한다.

[Photo Filter]메뉴

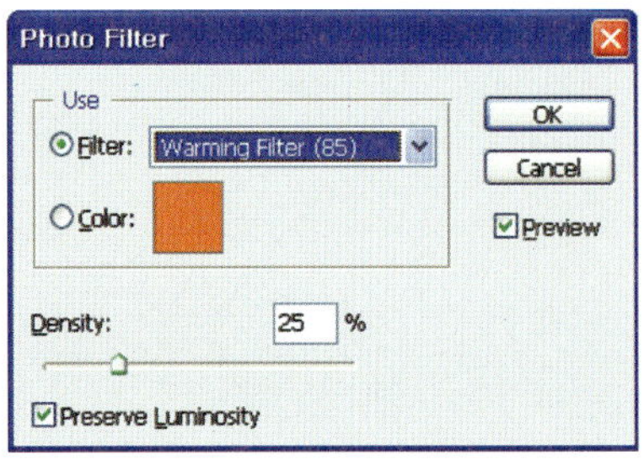

- Filter : 포토샵이 제공하는 포토 필터의 종류
- Color : 사용자가 직접 포토 필터를 만들 수 있다.
- Density : 포토 필터의 농도를 조정한다.
- Preserve Luminosity :
  체크하면 기존 밝기가 유지되면서 적용되고, 체크하지 않으면 어둡게 되면서 포토필터가 적용된다.

[Invert]메뉴

네거티브 필름처럼 이미지의 색상을 반전시킨다. 이미지 각 부분의 색상이 보색으로 바뀌며 그 밝기가 반전된다.

[Equalize]메뉴

이미지의 명암을 평균값을 조정해주는 것으로 이미지가 너무 어두울 때 주로 사용한다.

[Threshold]메뉴

이미지를 검정색과 흰색으로만 표현한다.
이미지의 밝기에 따라 검정색과 흰색으로 뚜렷이 나뉘는데 설정값을 조절하여 흰색과 검정색에 포함될 영역의 넓이를 조절해 줄 수 있다.

[Posterize]메뉴

이미지를 구성하는 색상의 개수를 조정하는 것으로 이미지를 설정된 개수의 색상만을 사용하여 표현해 준다. Levels 수치가 적을수록 이미지가 거칠게 표현된다.

Chap.04 / 예제로 포토샵 익히기

이미지 수정 및 변형하기

01 [File]→[Open]메뉴를 실행해서 'wastebasket.jpg' 파일을 불러온다.

02 [Image]→[Adjustments]메뉴의 이미지 보정메뉴들을 이용해서 이미지의 명도 및 대비, 색상평균 등을 조정한다.

01

02

03 툴 박스의 이미지 리터칭 도구(스팟 힐링 브러시/힐링 브러시/패치/복제 도장 툴)들을 이용해서 쓰레기통의 스티커와 지저분한 부분들을 제거한다.

03

스팟 힐링 브러시	힐링브러시 복제 도장	패치
소스 지정없이 원하는 부분을 클릭 또는 드래그	Alt 키를 누른상태에서 수정하려는 부분의 주변에서 샘플이미지를 추출한 후에 수정할 부분에 클릭 및 드래그	수정할 부분을 선택영역으로 지정한 후에 주변에 비슷한 부분으로 드래그

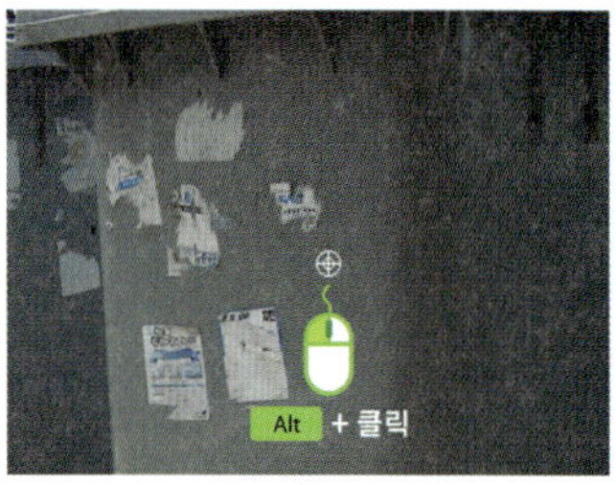

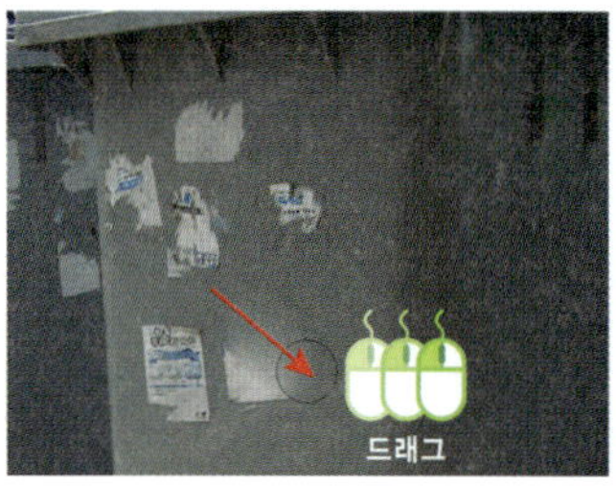

Tip 리터칭 도구들의 특성

특성	도구	용도
수정부분의 명암, 조명 등의 밝기나 색상, 명도, 채도 등과 같은 속성은 변경되지 않는다.	스팟 힐링 브러시 힐링브러시	작은 부분을 보정할 때 많이 사용
	패치	넓은 부분을 보정할 때 많이 사용
수정부분의 이미지가 샘플이미지의 속성으로 변경된다.	복제 도장	

05 [File]→[Open]메뉴를 선택해서 'Logo.psd' 파일을 열어 로고가 있는 레이어를 선택한다. 툴 박스의 이동 툴 을 이용해서 로고 이미지를 드래그해서 쓰레기통이 있는 도큐먼트로 복사한다.

06 [Edit]→[Free Transform]메뉴 또는 [Transform]메뉴를 이용해서 로고이미지를 각각의 쓰레기통의 형태에 맞게 변형하여 합성한다.

05

06

07 로고이미지가 있는 레이어를 두 개 복사하고 [Free Transform]메뉴 또는 [Transform]메뉴를 이용해서 각각의 쓰레기통의 형태에 맞게 변형한 후에 Opacity(투명도)를 조절한다.

07

Tip 자유 변형(Free Transform)메뉴와 변형(Transform)메뉴

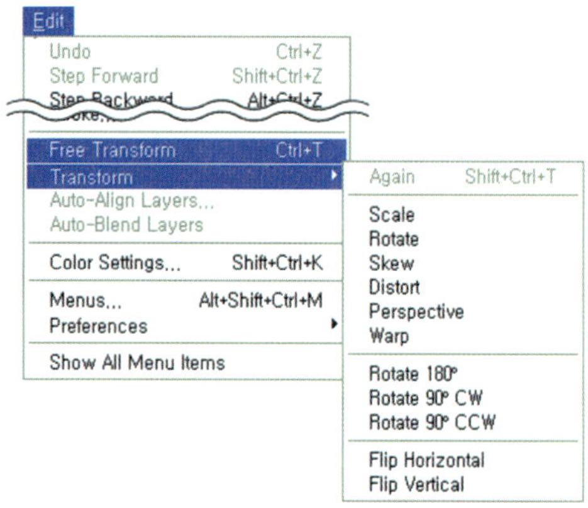

Free Transform : 일러스트레이터의 바운딩 박스와 사용법 동일

Transform

- Again : 바로 전에 적용했던 변형 다시 적용
- Scale : 크기조절하기
- Rotate : 회전하기
- Skew : 기울이기
- Distort : 비틀기
- Perspective : 원근감 조절
- Warp : 선택 시 나타나는 그리드를 사용하여 자유롭고 다양하게 변형
- Rotate 180˚ : 180도 회전
- Rotate 90˚ CW : 시계방향 90도 회전
- Rotate 90˚ CCW : 반시계방향 90도 회전
- Flip Horizontal : 수평으로 뒤집기
- Flip Vertical : 수직으로 뒤집기

▲ Scale

▲ Rotate

▲ Skew

▲ Distort

▲ Perspective

▲ Warp

▲ Rotate 180

▲ Rotate 90 CW

▲ Rotate 90 CCW

▲ Flip Horizontal

▲ Flip Vertical

Tip 브러시 옵션

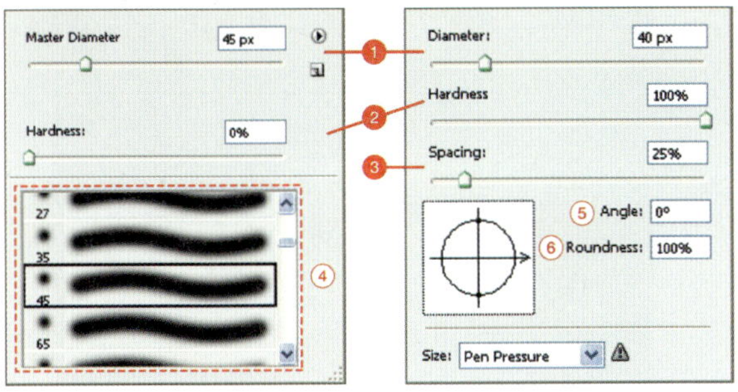

▲ 브러시 관련 도구 선택 시 ▲ 힐링 브러시 도구 선택 시

❶ Master Diameter / Diameter :
브러시의 크기를 조절

❷ Hardness :
브러시의 외곽의 강도를 조절
(100%는 브러시 외곽이 딱딱하고 0%로 갈수록 외곽이 부드러워짐)

❸ Spacing : 브러시의 간격을 조절

④ 브러시 목록 미리보기

⑤ Angle : 브러시의 각도 조절

⑥ Roundness : 브러시의 형태 조절(원형 또는 타원형)

이미지합성하기

01 [File]→[Open]메뉴를 실행해서 'tiger.jpg' 파일을 열고 툴 박스의 이미지 리터칭 도구들을 이용해서 조형물 이미지에서 불필요한 부분들을 제거한다.

01

02 [File]→[Open]메뉴를 실행해서 'campus.jpg' 파일을 불러온다. tiger.jpg' 파일을 선택하고 선택 툴로 조형물의 외곽을 적당한 크기의 선택영역으로 지정한 후 ❶ 이동 툴 을 이용해서 'campus.jpg' 파일로 선택영역안의 이미지를 복사한다.

02

03 [Edit]→[Free Transform]메뉴와 [Transform]메뉴를 이용해서 조형물의 크기와 시점을 조절한다.

03

04 ❶ 복사한 Layer 1에 레이어 팔레트 하단에 있는 레이어 마스크(Add layer Mask) 를 적용한다.

05 조형물 부분을 확대하고 선택 툴을 이용해서 조형물을 선택영역으로 지정하고 [Select]→[Inverse]메뉴를 실행해서 선택영역을 반전시킨다.

04

05

06  툴 박스의 전경색(foreground color)을 검정색으로 설정한 후에 브러시 툴(Brush Tool) 을 선택하고 조형물 이미지의 외곽부분을 드래그해서 불필요한 부분을 투명하게 만든다.

06

07 이미지 리터칭 도구를 이용해서 조형물의 받침대 부분을 리터칭 한다.

08 ① 레이어 팔레트 하단에 있는 새 레이어 추가(Create a new layer) 를 눌러 새 레이어를 추가하고 Layer 1 밑으로 이동시킨다. Layer 2를 선택한 상태에서 다각형 올가미 툴(Polygonal Lasso Tool) 을 이용해서 이미지의 왼쪽 상단 모서리 부분에 그림자가 들어갈 크기만큼 선택영역을 지정한다. [Edit]→[Fill]메뉴를 이용해서 선택영역에 검정색을 채워준다.

07

08

09 Ctrl + D 키를 눌러 선택영역을 해제한 후에 [Filter]→[Blur]→[Gaussian Blur]필터를 선택하고 옵션 창의 Radius 항목에 1.5pixels를 입력하고 실행한다.

10 레이어 2의 Opacity(투명도)를 80%로 설정해서 그림자의 색상을 조절한다.

09

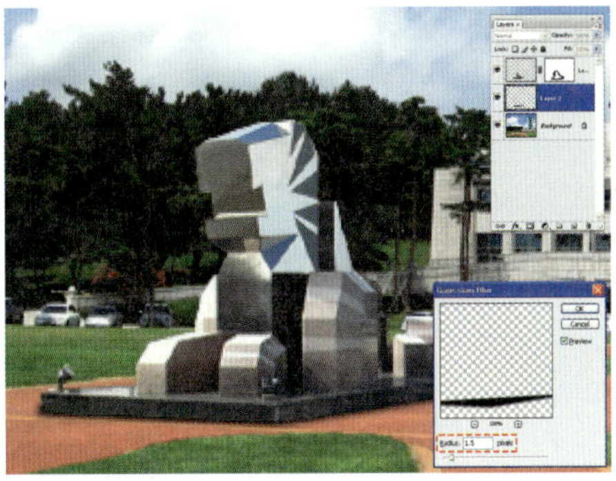

10

Tip 레이어 팔레트(Layers Palette)

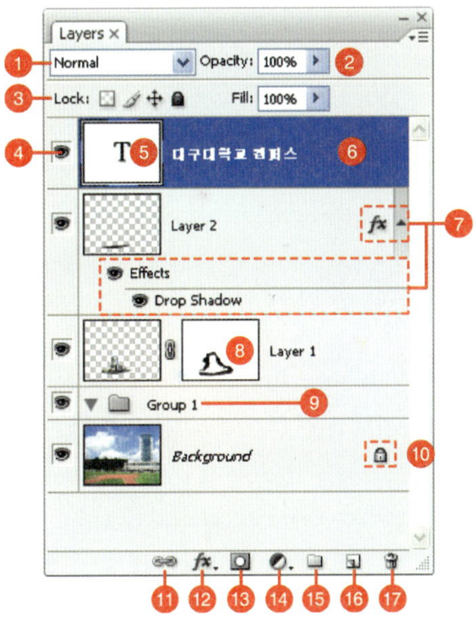

❶ 레이어 블렌딩 모드

❷ 선택한 레이어의 투명도 조절

❸ 레이어 잠금 기능 설정

- 체크 시 투명한 부분에 채색작업 불가능
- 체크 시 브러시 툴 채색작업 불가능
- 체크 시 이동 툴 및 변형작업 불가능
- 위의 3가지 잠금 기능 모두 적용

❹ 눈 아이콘 표시여부에 따라 레이어 보기 제어

❺ 문자 레이어(Text Layer)

❻ 현재 선택된 레이어 표시(작업가능)

❼ 레이어에 레이어 스타일(layer style) 적용 시 표시되는 아이콘과 적용된 스타일 목록

❽ 레이어 마스크(layer mask)

❾ 레이어 그룹 - 레이어를 관리하는 폴더 기능

❿ 레이어 잠김 표시 아이콘

⓫ 레이어 링크 버튼 - 링크로 레이어 연결 시 이동 및 변형작업 동시적용

⓬ 선택된 레이어에 레이어 스타일(layer style) 적용

⓭ 선택된 레이어에 레이어 마스크(layer mask) 생성

⓮ 선택된 레이어에 보정 레이어(fill or adjustment layer) 생성

⓯ 레이어 팔레트에 레이어 그룹 생성

⓰ 새 레이어 생성

⓱ 레이어 제거

Tip 레이어 스타일(Layer Style)

레이어 스타일은 원본 이미지에 손상을 주지 않으면서 다양한 효과를 적용할 수 있다. 수정과 제거가 용이하며 하나의 레이어에 다양한 스타일을 동시에 적용할 수 있다는 점이 장점이다. 단, 배경 레이어에는 적용할 수 없다.

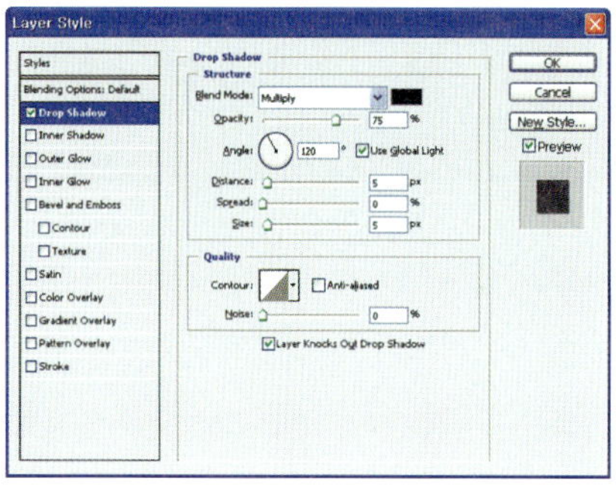

- Drop Shadow – 그림자 생성
- Inner Shadow – 이미지 안쪽에 그림자 생성
- Outer Glow – 이미지 외곽에 네온효과 적용
- Inner Glow – 이미지 안쪽에 네온효과 적용
- Bevel and Emboss – 입체효과 적용
- Stain – 광택효과 적용
- Color Overlay – 이미지에 색상을 겹쳐서 적용
- Gradient Overlay – 이미지에 그레이디언트 색상을 겹쳐서 적용
- Pattern Overlay – 이미지에 패턴 적용
- Stroke – 다양한 형태의 외곽선 효과 적용

Tip 레이어 마스크(Layer Mask)

레이어 마스크는 이미지 합성에 유용한 기능으로 원본 이미지의 손상 없이 필요 없는 부분을 투명하게 하거나 반투명하게 할 수 있기 때문에 레이어에 있는 이미지의 특정 부분을 가리고자 할 때 사용한다. 마스크 레이어는 레이어 팔레트에만 표시되며 이미지에는 보이지 않으며 마스크 레이어에서 검정색은 원본 이미지가 투명해지는 부분을 표시하고 흰색은 보여지는 부분을 표시한다.

부분 컬러사진 만들기

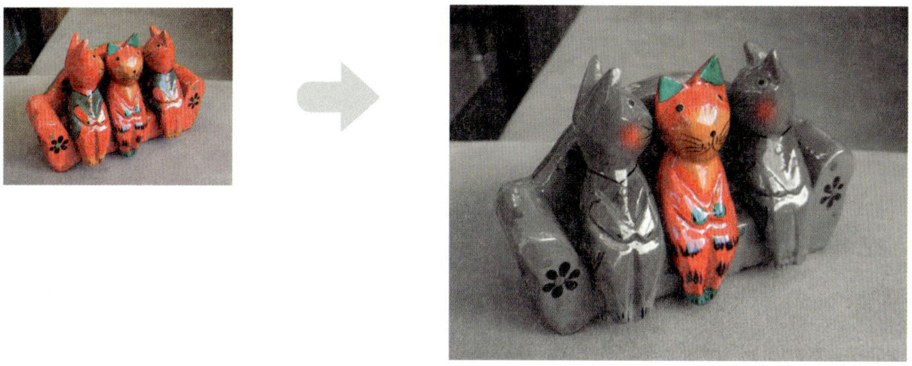

01 [File]→[Open]메뉴를 실행해서 'toy.jpg' 파일을 불러온다.

02 [Image]→[Adjustments]→[Black & White]메뉴 또는 [Desaturate]메뉴를 이용해서 흑백이미지로 변환한다.

01

02

03 툴 박스에서 히스토리 브러시 툴(History Brush Tool) 을 선택한 후 브러시의 크기를 조절하면서 컬러이미지로 복원할 부분 위에 드래그를 한다.

03

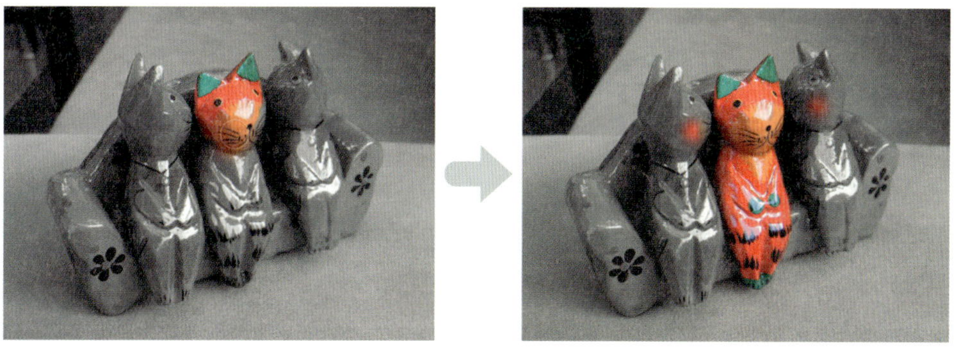

사진이미지 종이에 끼우기

01 [File]→[Open]메뉴를 실행해서 'travel.jpg' 파일을 불러오고, 이미지를 보정한 후에 [Image]→[Canvas Size]메뉴를 실행해서 이미지의 캔버스 사이즈를 확장한다.

02 ❶ 사각형 선택 툴(Rectangular Marquee Tool) 로 이미지보다 조금 더 크게 선택영역을 지정한다. ❷ [Layer]→[New]→[Layer via Copy]메뉴를 실행해서 선택영역의 이미지를 새로운 레이어로 복사한다.

01

02

03 [Edit]→[Stroke]메뉴를 실행해서 옵션 창의 Width 항목에 1px을 입력하고 Location 항목에 Center를 체크해서 이미지의 외곽에 검정색 테두리선을 넣어준다.

04 ❶ 레이어 팔레트 하단에 있는 새 레이어 추가(Create a new layer) 를 눌러 새 레이어를 추가하고 Layer 2 밑으로 이동시킨다. ❷ Layer 3을 선택한 상태에서 다각형 올가미 툴(Polygonal Lasso Tool) 을 이용해서 이미지의 왼쪽 상단 모서리 부분에 그림자

가 들어갈 크기만큼 선택영역을 지정한다.

03

04

05 [Edit]→[Fill]메뉴를 선택해서 옵션 창의 Use 항목에 50% Gray를 체크하고 실행해서 선택영역에 회색을 채워준다.

06 Ctrl + D 키를 눌러 선택영역을 해제하고 [Filter]→[Blur]→[Gaussian Blur]필터를 선택하고 옵션 창의 Radius 항목에 5pixels를 입력하고 실행한다.

05

06

07 오른쪽 하단 모서리 부분에도 선택영역을 지정하고 05 06 과정과 같은 방법으로 그림자를 적용한다.

08 ❶ 새 레이어를 추가하고 Layer 2 위로 이동시킨다. ❷ 다각형 올가미 툴 을 이용해서 이미지의 오른쪽 하단 모서리 부분에 선택영역을 지정한다. ❸ [Fill]메뉴를 선택해서 옵션 창의 Use 항목에 White를 체크하고 실행해서 선택영역에 흰색을 채워준다.

07

08

09 새 레이어를 추가하고 Layer 3과 Layer 1 사이로 이동시킨다. [Fill]메뉴를 이용해서 선택 영역에 검정색을 채워준다.

10 [Gaussian Blur]필터를 실행하고 옵션 창의 Radius 항목에 4pixels를 입력하고 실행한다.

09

10

11 왼쪽 하단 모서리 부분을 확대하고 지우개 툴(Eraser Tool) 을 이용해서 불필요한 부분을 지운다.

12 오른쪽 상단 모서리 부분도 **09 10 11** 과정과 같은 방법으로 작업을 마무리한다.

11

중요이미지 강조하기

주밍 효과	강조하려는 이미지를 제외한 부분의 이미지를 동적으로 강하게 표현하여 강조
아웃포커스 효과	강조하려는 이미지를 제외한 부분의 이미지를 흐려서 강조
스포트라이트 효과	강조하려는 이미지를 제외한 배경에 다른 배경을 삽입하여 강조

▲ 원본 이미지

▲ 주밍 효과

▲ 아웃포커스 효과

▲ 스포트라이트 효과

주밍(Zooming) 효과

01 선택 툴을 이용해서 이미지에서 강조하려는 부분을 선택영역으로 지정한다.

02 옵션 바에서 Feather값을 100px로 조정한 후, Alt 키를 누른 채로 선택영역을 지정해서 허리아래부분의 선택영역을 제외한다.

01

02

03 [Select]→[Inverse]메뉴를 실행해서 선택영역을 반전시킨다.

04 [Filter]→[Radial Blur]필터를 선택한다. 옵션 창의 Amount 항목은 40으로 조정하고, Blur Method 항목은 Zoom으로 체크한 후 효과를 적용한다.

03

04

05 [Select]→[Deselect]메뉴를 이용하거나, Ctrl + D 키를 눌러 선택영역을 해제한다.

아웃포커스(Out focus) 효과

01 선택 툴을 이용해서 이미지에서 강조하려는 부분을 선택영역으로 지정한다.

02 옵션 바에서 Feather값을 100px로 조정한 후, Shift 키를 누른 채로 선택영역을 지정해서 아래쪽부분의 선택영역을 넓혀준다.

03 [Select]→[Inverse]메뉴를 선택해서 선택영역을 반전시킨다.

04 [Filter]→[Blur]→[Blur More]필터 또는 [Gaussian Blur]필터를 이용해서 이미지에 흐림 효과를 적용하고 Ctrl + D 키를 눌러 선택영역을 해제한다.

02

04

Tip 필터효과 반복 적용하기

Ctrl + F 키를 누르면 마지막으로 적용했던 필터 효과를 다시 적용한다.

스포트라이트(Spotlight) 효과

01 선택 툴을 이용해서 이미지에서 강조하려는 부분을 선택영역으로 지정한다.

02 [Layer]→[New]→[Layer via Copy]메뉴를 실행해서 선택영역의 이미지를 새로운 레이어로 복사한다.

03 툴 박스의 이미지 리터칭 도구(스팟 힐링 브러시/힐링 브러시/패치/복제 도장 툴)들을 이용해서 발부분의 이미지를 리터칭 한다.

02

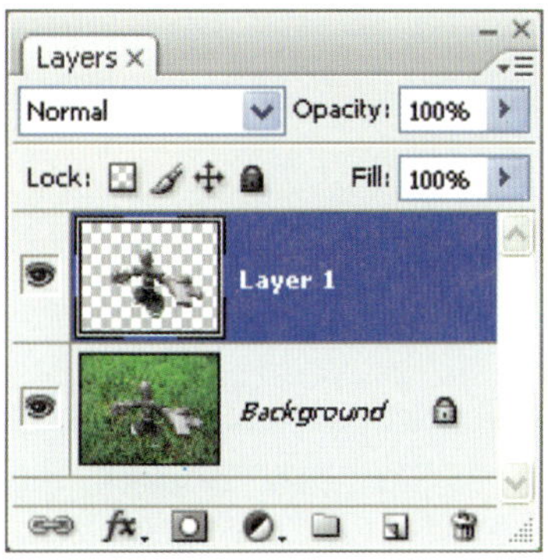

03

04 레이어 팔레트에서 백그라운드 레이어를 선택하고 툴 박스에서 그레이디언트 툴을 선택하고 옵션 바에서 부분을 클릭한다. 그레이디언트 에디터(Gradient Editor) 옵션 창의 ❶ Gradient Type 항목은 Noise로 Roughness 항목은 100%로 조정한 후, 원하는 그라데이션 색상이 나올 때까지 ❷ Randomize 버튼을 눌러준다.

05 원하는 색상이 나오면 옵션 바에서 앵글 그레이디언트를 선택한 후 이미지의 가운데에서 상하좌우 중 한쪽 방향으로 드래그를 해서 적용한다.

04

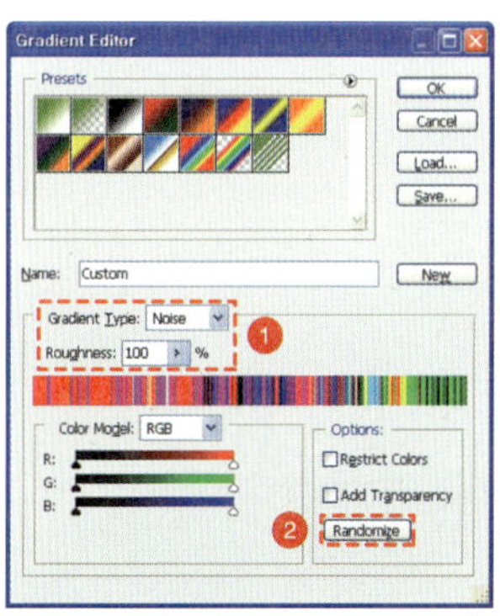

05

파노라마 사진 만들기

01 [File]→[Automate]→[Photomerge]메뉴를 실행한다. 옵션 창의 [Browse...]버튼을 클릭해서 파노라마 사진으로 만들 이미지를 모두 선택한 후에 [OK]버튼을 클릭한다.

01

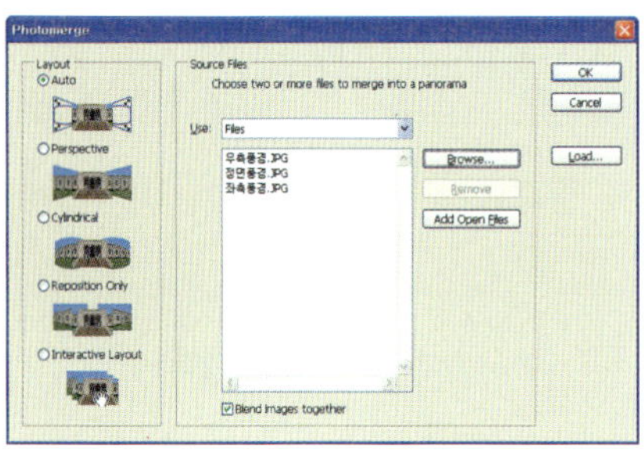

02 자르기 툴(Crop Tool) 을 이용해 이미지의 필요한 부분만 남기고 나머지는 잘라낸다.

02

불타는 문자 만들기

01 [File]→[New]메뉴를 선택해서 새 도큐먼트(RGB모드)를 만들고 ❶ 백그라운드 레이어를 검정색으로 채우고 ❷ 툴 박스의 수평방향 문자 툴(Horizontal Type Tool) T 을 이용해서 흰색의 문자를 입력한다.

02 ❶ Stamp Visible 기능(Ctrl + Shift + Alt + R 키)을 실행해 보이는 레이어를 모두 병합하여 새로운 레이어로 만든다. ❷ [Edit]→[Transform]→[Rotate 90° CCW]메뉴를 선택해서 문자를 반시계방향으로 90도 회전시키고 ❸ [Filter]→[Stylize]→[Wind]필터의 옵션 창에 아래와 같이 체크하고 실행한다. Ctrl + F 키를 두 번 더 눌러서 [Wind]필터를 두 번 더 적용한다.

01

02

03 ❶ [Edit]→[Transform]→[Rotate 90° CW]메뉴를 선택해서 문자를 원래대로 회전시키고 ❷ [Filter]→[Blur]→[Gaussian Blur]필터를 선택하고 옵션 창의 Radius 항목에 6pixels를

입력하고 적용한다.

04 [Image]→[Adjustments]→[Hue/Saturation]메뉴를 선택한다. 옵션 창에 먼저 Colorize 항목을 체크하고 Hue 항목에 35, Saturation 항목은 100을 입력하고 적용한다.

03

04

05 ❶ Ctrl + J 키(Layer via Copy)를 눌러 Layer1과 같은 이미지를 새로운 레이어로 복사한다. ❷ 다시 한 번 [Hue/Saturation]메뉴를 실행해서 옵션 창에 Hue 항목에만 -35를 입력하고 적용한다. Colorize 항목은 체크하지 않는다.

06 Layer 1 copy 레이어의 블렌딩 모드를 Color Dodge로 설정한 후, Ctrl + E 키를 눌러 Layer 1 레이어와 병합한다.

05

06

07 **02** 의 ❷와 같은 방법으로 레이어를 회전시키고 [Wind]필터를 한번만 적용한다.

08 레이어를 원래대로 회전시킨다. [Gaussian Blur]필터를 선택하고 옵션 창의 Radius 항목에 2pixels를 입력하고 실행한다.

07

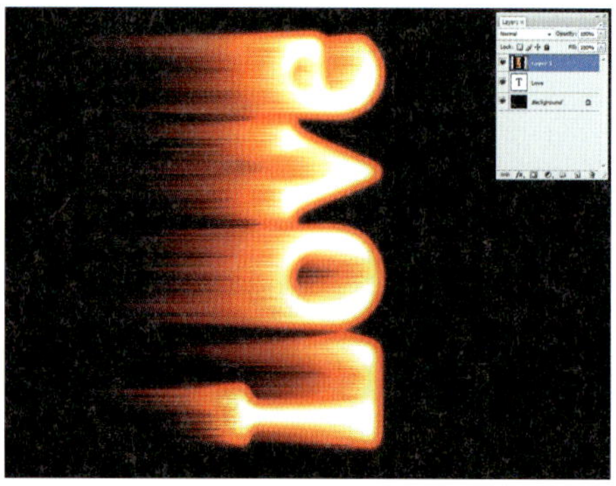

08

09 ❶ 툴 박스의 손가락 툴(Smudge Tool) 을 이용해서 브러시의 크기를 조절하면서 전체적인 불꽃의 모양을 조정한다. ❷ 레이어 팔레트의 아래쪽에 있는 문자 레이어를 복제한 후 드래그해서 맨 위로 올린다. ❸ 이동한 문자 레이어를 선택한 상태에서 마우스 오른쪽 버튼을 클릭해서 Rasterize Type를 선택하면, 문자 레이어가 일반 레이어로 변경된다.

10 변경된 일반 레이어의 문자 모양을 선택영역으로 지정하고 검정색을 채워준다.

09

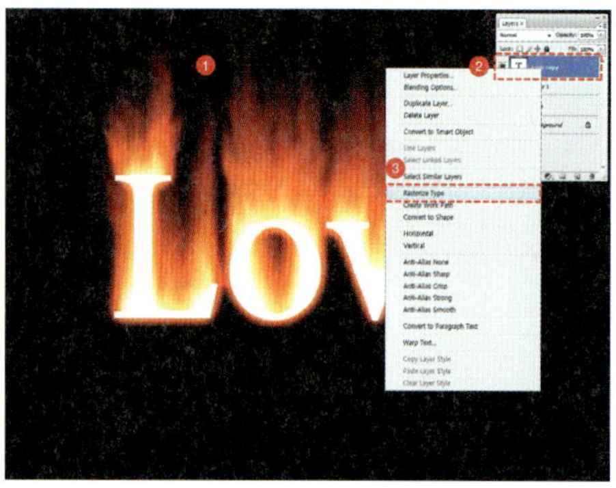

10

11 레이어 팔레트 하단에 있는 레이어 마스크(Add layer Mask) 를 적용하고 툴 박스의 그레이디언트 툴 을 이용해서 검정색 문자와 불꽃을 자연스럽게 합성한다.

12 ❶ 아래 그림과 같이 선택영역으로 지정하고 ❷ Ctrl + J 키(Layer via Copy)를 눌러 새로운 레이어로 복제한다.

11

12

13 [Edit]→[Transform]→[Flip Vertical]메뉴를 선택해서 이미지를 수직으로 뒤집고 이동 툴 을 이용해서 이동시킨다.

14 레이어 마스크 를 적용하고 그레이디언트 툴 을 이용해서 이미지 아래쪽을 자연스럽게 사라지게 하고 Opacity(투명도)를 30으로 조정한다.

13

14

부록. 레이어 블렌딩 모드

레이어 블렌딩 모드는 겹쳐 있는 레이어의 이미지들을 합성할 때 상위 레이어와 하위 레이어의 색을 어떻게 혼합할지를 지정하는 것으로 25가지의 종류가 있으며 각 블렌딩 모드마다 Opacity(투명도)와 Fill(채우기) 옵션을 지정할 수 있다.

Normal

블렌딩 모드를 적용하지 않은 일반 모드로 화면에는 상위 레이어의 이미지만 보이고 하위 레이어는 보이지 않음

Dissolve

하위 레이어의 윤곽을 픽셀 모양의 점으로 표시하는 합성 모드로 상위 레이어의 Opacity(투명도)값에 따라서 점의 분포밀도가 결정

Darken

상위 레이어와 하위 레이어에서 어두운 부분만 강조하는 것으로 상위 레이어와 하위 레이어를 비교하여 더 어두운 색을 남겨놓는 합성모드

Multiply

상위 레이어와 하위 레이어의 색상 값을 곱하는 방식으로 두 레이어의 색상을 섞어서 전체적으로 어두워지면서 채도와 대비가 낮아지는 느낌의 합성모드

Color Burn

상위 레이어의 채도가 어두운 경우 두 레이어의 채도를 더 어둡게 하고, 밝은 경우 두 레이어의 채도를 더 밝게 하여 채도 및 대비가 명확하게 하는 합성모드

Linear Burn

두 레이어의 어두운 색을 서로 섞어서 밝은 색상을 제거하는 합성모드

Darker Color

상위 레이어와 하위 레이어의 모든 색상의 명도를 비교하여 더 어두운 색상을 표시하는 합성모드

Lighten

상위 레이어와 하위 레이어를 비교하여 더 밝은 색상을 표시하는 합성모드로 상위 레이어보다 밝은 색상은 변하지 않고 어두운 색상은 교체

Screen

하위 레이어에 흰색이 있으면 상위 레이어의 해당 부분이 더 밝게 되는 합성모드로 전반적으로 밝아지면서 채도와 대비가 낮아지는 느낌

Color Dodge

밝은 부분은 더 밝아지고 어두운 부분은 더 어두워져 채도와 대비가 향상된 느낌을 주는 합성모드

Linear Dodge (Add)

상위 레이어와 하위 레이어가 오버랩 되면서 원본 이미지들 보다 더 밝게 되는 합성모드

Lighter Color

두 레이어의 모든 채널의 명도를 비교하여 더 밝은 색상을 표시하는 합성모드

Overlay

두 레이어의 명도 값이 50% 이상이면 Screen을 적용, 50% 이하이면 Multiply를 적용하는 합성모드로 밝은 부분은 더 밝게 어두운 부분은 더 어둡게 표현

Soft Light

두 레이어의 명도가 50% 이상이면 밝아지고 이하면 어두워지는 합성모드

Hard Light

두 레이어의 명도가 50% 이상이면 채도를 높이고 이하이면 채도를 낮추는 합성모드

Vivid Light

하위 레이어의 명도 값이 50% 이상이면 상위 레이어의 채도와 명도를 높이고 이하이면 채도를 높이고 명도를 낮추어 색상대비를 강하게 표현하는 합성모드

Linear Light

두 레이어의 겹친 부분의 명도가 밝은 부분의 채도를 줄여 강한 이미지로 만드는 합성모드

Pin Light

두 레이어 모두가 50%보다 밝으면 하위 레이어의 색상이 상위 레이어의 색상이 되는 합성모드로 두 레이어 모두가 50%보다 어두우면 상위 색상이 약간 밝게 표현

Hard Mix

하위 레이어의 색상을 강하게 반전하여 합성하는 모드

Difference

두 레이어를 비교하여 흰색 영역은 보색으로 합성하고 흰색이 아닌 영역은 상위 레이어에서 하위 레이어의 색상을 빼는 합성모드

Exclusion

Difference와 같은 효과의 합성모드로 대비를 약하게 하여 부드럽게 표현하는 합성모드

Hue

상위 레이어의 색상과 하위 레이어의 채도 및 명도를 합성하는 모드

Saturation

상위 레이어의 채도와 하위 레이어의 색상 및 명도를 합성하는 모드

Color

상위 레이어의 색상 및 채도와 하위 레이어의 명도를 합성하는 모드

Luminosity

채도는 그대로 유지하고 색상과 명도를 합성하는 모드

부록. 포토샵 CS3 필터

포토샵의 필터는 RGB모드를 기본으로 하기 때문에 RGB 모드에서는 모든 필터를 사용할 수 있으나 CMYK모드, Grayscale 모드, Index 모드 등에서는 일부 필터를 사용할 수 없다.

Artistic 필터

회화 느낌을 주는 필터들로 15가지 종류가 있으며, CMYK모드에서는 사용할 수 없다.

Colored Pencil 필터

이미지를 색연필로 그린 것처럼 표현하는 필터

Cutout 필터

이미지의 색상 단계와 형태를 단순하게 만들어 표현하는 필터

Dry Brush필터

마른 붓으로 그린 듯한 효과로 약간 거칠고 경계선이 확실하게 표현하는 필터

Film Grain 필터

이미지에 잡티를 뿌린 효과를 표현하는 필터

Fresco 필터

프레스코 효과로 외곽선이 뚜렷해지고 전반적으로 어둡게 표현하는 필터

Neon Glow 필터

이미지에 네온 효과를 적용하는 필터

Paint Daubs 필터

브러시로 이미지를 덧칠한 것처럼 표현하는 필터

Palette knife 필터

이미지를 나이프로 문지르는 것처럼 표현하는 필터

Plastic Wrap 필터

이미지에 반짝이는 효과를 적용하여 플라스틱 질감 효과를 표현하는 필터

Poster Edges 필터

이미지의 어두운 부분에 검은색의 외곽선을 지정해 주는 필터

Rough Pastels 필터

이미지를 파스텔로 그린 것처럼 표현하는 필터

Smudge Stick 필터

이미지를 붓으로 그린 것처럼 표현하는 필터

Sponge 필터

이미지를 물에 적신 스펀지로 눌러준 것처럼 표현하는 필터

Underpainting 필터

4가지 질감(Brick, Burlap, Canvas, Sandstone)을 지정하여 칠한 것처럼 표현하는 필터

Watercolor 필터

이미지를 수채 물감으로 그린 것처럼 표현하는 필터

Blur 필터

이미지를 흐리게 하는 필터들로 11가지 종류가 있으며 흐리게 하는 것과 함께 움직임이나 흔들리는 효과를 줄 수도 있다.

Avergae 필터

이미지의 평균 색상 값의 단색으로 이미지 전체를 표현하는 필터

Blur 필터 / Blur More 필터

이미지를 흐리게 하는 필터이고, Blur More 필터는 흐려지는 정도가 좀 더 강한 필터

Box Blur 필터

인접 픽셀의 평균값으로 흐림 효과를 주는 필터

Gaussian Blur 필터

옵션 값(0~250)을 지정해서 이미지의 흐려지는 정도를 조절 할 수 있는 필터

Lens Blur 필터

카메라의 초점이 맞지 않아 흐려진 듯한 효과를 줄 수 있고 흐림 효과와 함께 잡티까지 표현할 수 있는 필터

Motion Blur 필터

이미지에 속도감을 표현하는 필터

Radial Blur 필터

회전하는 느낌이나 기준점을 중심으로 이미지가 모여드는 듯한 느낌을 적용하는 필터

Shape Blur 필터

지정한 모양을 이용하여 흐림 효과를 적용하는 필터

Smart Blur 필터

이미지의 경계부분을 제외하고 대비 값이 낮은 색상에만 흐림 효과를 적용하는 필터

Surface Blur 필터

이미지의 경계부분은 제외하고 표면에만 흐림 효과를 적용하는 필터

Brush Stokes 필터

붓 터치 효과를 이용해서 회화 느낌을 주는 필터들로 8가지 종류가 있으며, CMYK모드에서는 사용할 수 없다.

Accented Edges 필터

이미지의 경계선 색상의 색상 대비를 높여 가장자리를 강조하는 필터

Angled Stokes 필터

이미지에 일정방향의 각도로 붓 터치를 줌으로써 대각선 선형 효과를 표현하는 필터

Crosshatch 필터

이미지를 연필로 스케치한 것처럼 선을 교차시켜서 표현하는 필터

Dark Strokes 필터

이미지의 음영을 이용해서 어두운 부분은 짧은 선으로, 밝은 부분은 긴 선으로 표현하는 필터

Ink Outlines 필터

가는 펜으로 이미지의 윤곽선을 그린 것처럼 표현하는 필터

Spatter 필터

이미지의 경계선이 흩어진 것처럼 표현하는 필터

Sprayed Stokes 필터

에어브러시를 이용해서 일정한 방향으로 물감을 흩뿌리는 것처럼 표현하는 필터

Sumi-e 필터

화선지에 먹으로 그려 번지는 것처럼 수묵화의 느낌으로 표현하는 필터로 일본 전통 회화 기법을 모방한 필터

Distort 필터

이미지를 변형시키는 필터들로 12가지 종류가 있다.

Diffuse Glow 필터

이미지의 밝은 부분에 점을 뿌려서 빛이 확산된 것처럼 표현하는 필터

Displace 필터

PSD 파일을 이용하여 작업 중인 이미지를 굴절시키거나 변형시키는 필터

Glass 필터

이미지를 질감 있는 유리를 통해서 보는 것처럼 표현하는 필터

Lens Correction 필터

카메라 렌즈에 의한 왜곡현상인 배럴(Barrel), 핀쿠션(Pincushion), 비네팅(Vignetting), 색수차(Chromatic Aberration) 등을 수정하는 필터로 이미지를 회전시키거나 카메라의 수직 또는 수평 기울기로 인해 발생하는 이미지 원근을 수정할 수 있는 필터

Ocean Ripple 필터

이미지를 굴절시켜서 보여주는 필터

Pinch 필터

이미지를 오목하게 또는 볼록하게 보이게 표현하는 필터

Polar Coordinates 필터

중심을 기준으로 이미지를 원뿔에 둘러싼 것처럼 표현하는 필터

Ripple 필터

이미지에 잔물결이 인 것 같은 효과를 표현하는 필터

Shear 필터

이미지를 커브 선에 따라서 기울여주는 필터

Spherize 필터

이미지를 입체적인 구모양의 렌즈 형태로 왜곡시키는 필터

Twirl 필터

이미지를 비틀어서 돌리는 효과를 표현하는 필터

Wave 필터

이미지에 파도가 치는 듯한 효과를 표현하는 필터

Zigzag 필터

이미지에 원형의 물결을 표현하는 필터

Noise 필터

이미지에 잡티 효과를 주거나 제거하는 필터들이다.

Add Noise 필터

이미지에 잡티를 픽셀로 뿌린 것처럼 효과를 주는 필터

Despeckle 필터

이미지에서 색상대비가 큰 부분을 주변색의 평균값으로 지정해서 이미지에 있는 잡티를 제거하는 필터

Dust & Scratches 필터

이미지의 잡티나 스크래치 부분 수정 시 사용하는 필터

Median 필터

주변 색상의 중간 값을 이용하여 잡티를 제거하는 필터

Reduce Noise 필터

이미지 외곽의 경계는 살리면서 면에서 차지하는 노이즈만 감소하는 필터

Pixelate 필터

이미지의 픽셀을 변형하는 필터들로 7가지 종류가 있다.

Color Halftone 필터

이미지를 인쇄물에 망점을 준 것같이 표현하는 필터

Crystallize 필터

이미지의 픽셀을 크리스털처럼 다각형 형태로 표현하는 필터

Facet 필터

이미지의 비슷한 부분을 픽셀로 만들어 단순화해 표현하는 필터

Fragment 필터

흔들린 사진처럼 이미지를 다중화하여 표현하는 필터

Mezzotint 필터

이미지를 점이나 선을 이용해 동판화로 찍은 것처럼 표현하는 필터

Mosaic 필터

이미지의 픽셀을 크게 확대해 사각형의 블록형태로 표현하는 필터

Pointillize 필터

이미지를 점으로 찍어낸 것처럼 표현하는 필터

Render 필터

이미지에 불규칙한 효과를 적용하는 필터들로 구름효과, 섬유재질효과, 빛 효과, 조명효과 등을 표현할 수 있다.

Clouds 필터

전경색과 배경색을 이용하여 구름 효과를 표현하는 필터

Difference Clouds 필터

이미지의 색상을 반전시킨 후, 이미지를 구름 형태로 표현하는 필터

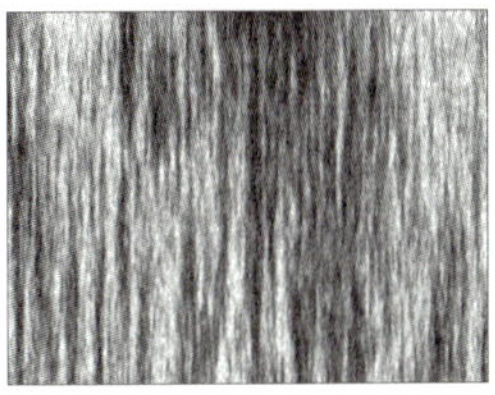

Fibers 필터

전경색과 배경색을 이용하여 섬유 재질을 표현하는 필터

Clouds, Difference Clouds, Fibers 필터는 해당 레이어에 바로 적용되어 이미지가 사라지게 되므로 새 레이어를 추가해서 적용한 뒤에 레이어 블렌딩 모드를 이용해 적용하는 것이 좋다.

Lens Flare 필터

렌즈에 반사된 빛을 표현할 때 사용하는 필터

Lighting Effects 필터

여러 가지 조명효과를 주는 필터

Sharpen 필터

이미지를 선명하게 만들어주는 필터들이다.

Sharpen, Sharpen Edge, Sharpen More 필터

Sharpen : 색상 대비를 높여 이미지를 선명하게 표현하는 필터

Sharpen Edge : 모서리를 선명하게 표현하는 필터

Sharpen More : Sharpen 필터를 여러 번 적용한 것 같은 효과

Unsharp Mask 필터

Sharpen의 여러 옵션을 조정해서 한 번에 적용할 수 있는 필터

Sketch 필터

여러 가지 도구를 사용해서 밑그림을 그린 듯한 효과를 주는 필터들로 14가지 종류가 있다.

Bas Relief 필터

이미지를 조각처럼 양감이 있는 형태로 표현하는 필터

Chalk & Charcoal 필터

이미지를 분필과 목탄으로 그린 것처럼 표현하는 필터

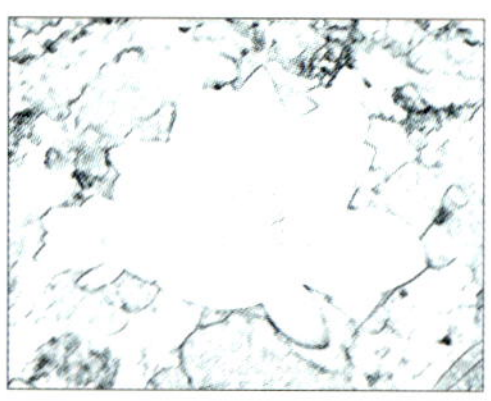

Charcoal 필터

이미지를 목탄으로 그린 것처럼 표현하는 필터

Chrome 필터

이미지에 금속성 효과를 적용하는 필터

Conte Crayon 필터

이미지를 크레용으로 그린 것처럼 표현하는 필터

Graphic Pen 필터

이미지를 펜으로 그린 것처럼 표현하는 필터

Halftone Pattern 필터

이미지를 스크린 망점으로 인쇄한 것처럼 표현하는 필터

Note Paper 필터

이미지에 거친 필름으로 촬영한 듯한 그레인(Grain) 효과와 함께 엠보싱 효과를 적용하는 필터

Photocopy 필터

이미지를 복사기로 복사한 것처럼 표현하는 필터

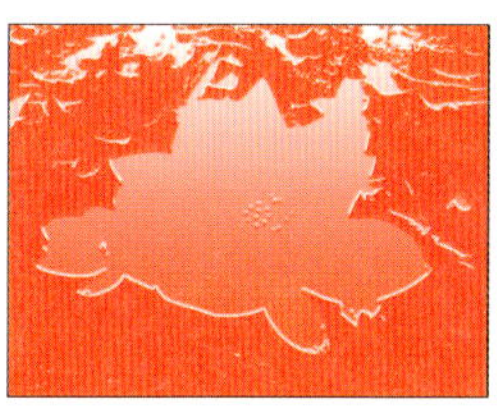

Plaster 필터

이미지를 엠보싱 효과를 이용하여 입체적으로 표현하는 필터

Reticulation 필터

이미지를 망점으로 표현하는 필터

Stamp 필터

이미지를 고무도장과 같은 효과로 표현하는 필터

Torn Edges 필터

이미지의 경계 부분을 찢어놓은 것처럼 거칠게 표현하는 필터

Water Paper 필터

이미지를 물감이 물에 번지는 것처럼 표현하는 필터

Stylize 필터

이미지에 질감이나 빛 효과를 이용하여 스타일을 지정해 주는 필터들

Diffuse 필터

이미지의 픽셀을 확산시켜 놓은 것처럼 표현하는 필터

Emboss 필터

이미지에 엠보싱 효과를 적용해 입체감을 표현하는 필터

Extrude 필터

이미지를 돌출하는 작은 육면체나 작은 사각뿔 형태로 표현하는 필터

Find Edges 필터

이미지의 경계선을 어두운 색으로 표현하고 다른 부분들은 밝게 처리하는 필터

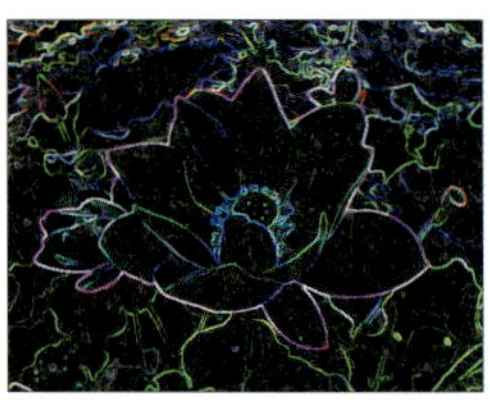

Glowing Edges 필터

색상 차이가 큰 가장자리 부분에 빛으로 발산하는 듯한 네온 효과를 적용하는 필터

Solarize 필터

이미지를 과대 노출이 된 것처럼 표현하는 필터

Tiles 필터

이미지를 작은 사각형으로 잘라 타일형태로 표현하는 필터

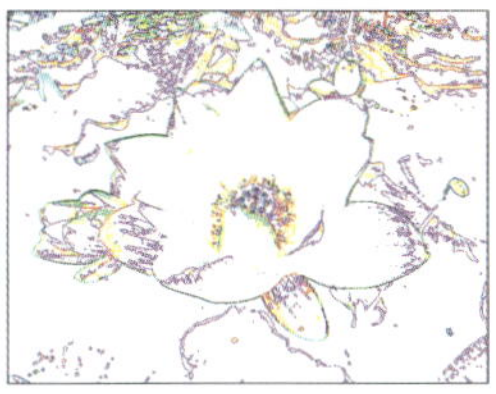

Trace Contour 필터

색상차가 나는 경계부분은 가는 선으로, 나머지 부분은 흰색으로 표현하는 필터

Wind 필터

이미지를 바람에 날린 것처럼 표현하는 필터

Texture 필터

이미지에 질감을 만들어 주는 필터들

Craquelure 필터

이미지를 균열된 질감으로 표현하는 필터

Grain 필터

이미지에 거친 노이즈 효과를 적용하는 필터

Mosaic Tiles 필터

이미지를 불규칙적이고 입체적인 모자이크 형태의 타일로 표현하는 필터

Patchwork 필터

이미지를 벽에 붙인 작은 타일 같은 사각형들로 표현하는 필터

Stained Glass 필터

이미지를 스테인드 글라스 형태로 표현하는 필터

Texturizer 필터

질감을 지정해서 표현할 수 있는 필터로 4가지의 기본 질감 외에 사용자가 직접 불러온 질감도 적용가능

Viedo 필터

영상물에 들어가는 이미지로 보정하기 위한 필터들

De-Interlace 필터 : 영상물에 들어가는 이미지로 보정하는 필터

NTSC Colors 필터 : 영상물의 색상 표준인 NTSC의 색상 체계로 보정하는 필터

Other 필터

이미지의 픽셀 구성을 변경하는 필터들

Custom 필터 : 수학적인 연산을 이용해 필터 값을 25곳의 입력창에 직접 입력해 조정할 수 있는 필터

High Pass 필터

이미지의 명도를 조절하여 어두운 부분의 채도를 낮춰주는 필터

Maximum 필터

이미지의 밝은 부분이 픽셀화 되어 표현되는 필터

Minimum 필터

이미지의 어두운 부분이 픽셀화 되어 표현되는 필터

Offset 필터

이미지를 수평 또는 수직 방향으로 이동하는 필터